異文化理解とコミュニケーション 1

[第2版]

ことばと文化

編著……本名信行　ベイツ・ホッファ　秋山高二　竹下裕子

執筆……平井一弘　小田三千子　津田早苗　高橋みな子　吉川寛　山田伸明　鳥飼玖美子　中山行弘　加藤三保子

SANSHUSHA

第2版によせて

　本書（第1版、第1巻）は1994年に出版された。来る21世紀の国際化と情報化を見据え、日本人が地球市民として、異文化理解とコミュニケーションの問題を広く認識することを切望したからである。そして、それに対応する異文化間能力を育成する方法も、いくつか示唆した。

　本書は主として、異文化理解とコミュニケーションという営みを「言語と文化」の観点から考え、その複合的多元的関係を十分に理解することのなかで、異文化間の相互作用に取り組むことを目指した。このアプローチは、現在でも実に有効であると思われるので、第2版の刊行を歓迎したい。

　21世紀は民族・文化・言語の異なるものどうしが出会い、交流する機会が地球的規模でますます広がり、各国社会のさまざまなレベルで行われるものと予想される。だから、今こそ、言語と文化の問題をより深く理解して、異文化間の相互理解を育み、コミュニケーションの増進をはかる努力を倍増すべきなのである。現在、それに関連して、最も興味深いのは「英語」の課題である。

英語の国際化と多様化

　英語は国際語(international language)とか、世界語(global language)とよくいわれる。私たちはこの意味を正しく理解しているだろうか。現代英語は、他の言語にない、非常に独特の特徴を備えている。まず、英語は世界の多くの国々の国語や公用語になっている。そして、そのために、英語は多様な民族と地域の文化を反映する。

　また、英語の話し手はネイティブ・スピーカーよりもノンネイティブ・スピーカーのほうが多くなり、非母語話者は英語の新しい機能と構造を開発している。私たちはこの事実を正確に認識し、英語の現代的、世界的役割を適切に理解する必要がある。このことは普及と変容の関係を考えれば、よくわかるであろう。

　ものごとが普及するためには、適応が求められる場合が多い。ことばもこれと似ており、英語が世界に広まるとすれば、世界に多様な英語が発生することになる。だから、英語の国際化は、必然的に英語の多様化を意味する。多様化は国際化の代償なのである。この意味で、英語の今日的問題は多様性ぬきには考えられない。

　英語のさまざまな変種を考えなければならない理由はここにある。むしろ、英語は多様であるからこそ、共通語になれるということもできる。従来、共通語には「画一、一様」というイメージがつきまとっていた。しかし、よく考えてみると、多様な言語でなければ、共通語の機能を果たせないのである。

　だから、アメリカ英語の発音、語彙、文法、表現が世界共通英語

として強制されれば、英語は広範囲に普及することはない。このような考え方は当然のことながら、ノンネイティブ・スピーカー側から強く出されている。しかし、そればかりではない。実は、ネイティブ・スピーカーでも、このような考え方に積極的に賛成する人が多いのである。

　要するに、現代の英語は多国間、多文化間交流を可能にする言語であり、自分の文化を表現する言語でもあるし、他の多様な文化を理解する言語である。したがって、特に英米文化と結びつけなければならないという必要は、どこにもないのである。私たちはこのような立場にたつと、英語に対して新しい態度をもつことになる。
　アジアでは、「面子」「面目」「(face)」は重要な概念である。それは、個人の名誉、誇り、威信、そしてアイデンティティを表わす。だから、アジア人の英語のなかには、面子に関する表現がたくさんある。アジア人は英語のなかに、独自の言語と文化を編入しているのである。たとえば、以下のようである。

Just tell him what you really think. There is no need to give him any face.（彼には思ったことを言えばいい。彼の顔を立てる必要は毛頭ない）。I know your face is bigger than mine. But take my face into consideration, too. I cannot go back to Japan faceless. Please give me some face.（あなたの面子のほうが大事だとはわかっています。でも、私の面子も考えてください。このままでは日本に帰れません。どうか私の顔も立ててください）。アジア人の英語にはアジア人に合った言い方があるものである。

また、インド人やタイ人は合掌しながら、英語であいさつすることがある。英語を話すなら英米人のように握手をしなければならない、と考えるのはおかしなことである。日本人ならお辞儀をしても一向にかまわない。これは小さなことがらに見えるかもしれないが、重要な問題を含んでいる。

　私たちは英語を話すからといって、自分の文化を捨てる必要はどこにもない。英語は多国籍言語、多文化言語でありながらも、国際、文化間通用性の高い言語である。英語の話し手はこの特徴をもっと育てていかなければならない。私たちは多様性を適切に調節できる能力をもっている。これは21世紀初頭の重要課題である。

異文化間リテラシー

　英語が多文化性を維持しながら、国際共通言語として有効に機能するためには、学際的かつ総合的な知見をもとにして、新しい言語観、英語観を創造しなければならない。キーワードは異文化間リテラシー（intercultural literacy）と言語意識（awareness of language）である。

　異文化間リテラシーは、異文化間接触のさいに、各自がそれぞれの文化的メッセージを適切に伝達し、そして相手のそれを十分に理解する能力を意味する。さらに、文化間の差違を互恵的に調整する能力も含む。しかも、この問題は言語と深く関連しているので、言語意識を高める教育のなかで最も有意義に実現できると思われる。

イギリスやヨーロッパでは言語意識を高めることが学校の母語教育や外国語教育のカリキュラムにうまく組み込まれており、有意義な成果をあげている。これらのプログラムでは、ことばの構造的特徴と社会的役割を一般的に理解する態度を育成しようとする。日本でも、こういった教育プログラムを開発すべきである。こういった訓練のなかで学ぶべき項目に、メタファー（metaphor 隠喩）がある。

　メタファーはあることがらを他のことがらにたとえる働きである。これは人間の認知と表現の特徴として、普遍的な装置である。人間は原初的で具体的な経験をもとにして、深淵で抽象的な経験を把握し、そして表現する。例えば、人間は身体名称を使って、それに関連したいろいろなことがらに言及する。

　日本人なら「頭」「胸」「腹」などを「容器」にたとえ、それぞれ違った「内容」を収めている。頭には知識（「なんでもかんでも頭に詰め込む」）、胸には思い（「恋心を胸に秘める」）、腹には情念（「今日のことは腹に収める」）を入れるのである。もし世界の人々がメタファーの働きについて、しっかりとした気づきをもっていれば、日本人が英語で "I can't read his belly."（腹が読めない）などと言っても、驚くことはないはずである。

　メタファーの一種であるメトニミー（metonymy 換喩）も大切である。これは部分で全体を表現する方法などを指す。私たちはロンドンに行っただけで、イギリスのことを語りたがるのは、この認識装置が働いているからである。世界の人々がメトニミーをよく理解していれば、便利なことがたくさんある。

日本人が英語で「窓から顔を出さないでください」とそのまま言ったとしても、めずらしがったり、おもしろがったりするかもしれないが、この言い方を間違いとか、非合理的とは思わないであろう。「顔」が「頭」の代わりをしていることは、すぐにわかるはずであろう。

　訓練により気づきがあれば、メタファーやメトニミーの異文化間理解はそう困難ではない。日本人もこういう認知表現の現象についてよく知っていれば、英語やその他の言語のいろいろな言い方の由来を想像することができ、新しいことばを知的に学習することができるだろう。
　muscle（筋肉）が「勢力」「影響力」に拡大していることに気づけば、military muscle（軍事力）とかpolitical muscle（政治的影響力）の言い方も納得できる。He is sharp. では、「人」で「頭」を指していると、わかるであろう。Get your butt over here. も類似の言い方である。
　世界各国の人々が母語を基礎として、ことばの仕組みと働きの重要なことがらを学ぶシステムをつくれば、重要な能力の開発に貢献する。それは、まず、個別的、特殊的なことがらを、普遍的、一般的な概念につなげる力をつける。このことにより、世界の人々は独自の文化をもつ英語を使いながらも、文化を超えた伝え合いを積み重ねていけると期待される。

　世界が地球村となり、文化的背景の異なる人々の接触が広まるに

つれて、異文化間の差違を適切にマネージする能力が、ますます広く、求められる。それは、まさに、言語と文化を基礎とした、異文化間リテラシーであるといえるのではなかろうか。

　本書（第2版、第1巻）は、以上のような観点から、お読みいただければ、幸いである。

2005年
本名信行

はしがき

　21世紀を目前にして，日本は国外から押し寄せる，また国内から湧き上がる国際化の大波にもまれている。それは，政治的には，冷戦終結後の国際情勢に対応するために孤立を避け，国際貢献を求める声であったりする。また，経済的には，長年安住してきた貿易障壁を取り払い，自由で平等な貿易を求める圧力であったりする。

　同時に，過去数年の間に，日本企業を支える労働力として日本に居住する外国人の数は急増し，海外で働く日本人の数も50万をゆうに越えている。さらに，年間1千万人以上の日本人が海外旅行をするようになったという。このような状況の中に置かれ，これまでは「国際化」や「国際交流」ということばを，他人ごとのように聞き流していた人々も，いまや，身の回りに起こっている変化に対応することを余儀なくされている。

　教育界や企業，地方自治体では，異文化教育が不可欠なものとなろうとしている。小・中学校でも，「国際理解教育」や「国際理解のためのコミュニケーション能力の育成」が求められるようになった。それはまるで，ひたすら自国の経済発展のために没頭していた日本人を覚醒させ，意識改革を迫る大きなうねりのようである。

　多くの日本人には未経験であったが，世界はすでに異文化理解と異文化コミュニケーションの時代になっていた。あらゆる地域で，人々は文化的背景の異なる人々と接触し，交流を重ねている。それは，日本人がいまだかつて経験しなかった規模で，社会のあらゆる分野とレベルで日常化している，といっても言いすぎではない。

　しかし，「異文化理解」というと，すぐに「語学」の勉強を想像してしまい，外国の言語（多くの場合英語）を運用できるようになれば，それで目的が達せられた，と誤解されてしまう風潮がある。たしかに，語学は異文化コミュニケーションのための重要な道具となるが，それだけでは大きな目的を達成することはできない。

異文化理解とは，まずおたがいの置かれた立場を尊重しあい，そこにステレオ・タイプ的な観点や価値判断を持ち込むことなく，おたがいの思考形態や行動様式などを客観的に受け入れること，いわば，自分の文化と異なる文化を寛容に受容し，理解しようと努めることから始まる。このためには，常にみずからさまざまな文化に属する人々と接し，その経験から，試行錯誤を繰り返すことによって学んでいくことが大切である。

　ただし，そのような経験から学んだことが，すべてにあてはまるとは限らない。そこで異文化理解とコミュニケーションの手引き書が求められるであろう。本シリーズは，異文化理解と異文化交流に興味をもつ，さまざまな読者の知的好奇心と問題意識から出たニーズに応えるように編纂されたものである。

　第1巻は，異文化理解とコミュニケーションのかなめとなる，言語のしくみとはたらきに焦点をあてる。その中で，さまざまな角度から「ことば」のおもしろさや，その重要性を説き明かしていく。第2巻は，異文化状況における思考や行動や組織，そのための訓練，教育の諸相などにふれる。いわば，異文化理解のありかた，さらにその理解をもとにした交流を，実践的に学んでいくものである。

　両巻をとおして，幅広い分野から選ばれたさまざまな背景をもつ著者が，具体的事例やその理論的根拠を書き起こすことにより，異文化理解とコミュニケーションへのステップが無理なく歩めるように工夫されている。このシリーズが，読者の異文化理解とコミュニケーションへの糸口となり，世界のふつうの人々と幅広く交流できるようになるための一助となれば，これに勝る喜びはない。最後に，このシリーズの企画から，原稿整理，刊行に至るまで尽力してくださった三修社編集部の猪股彩子氏と芦川正宏氏に，心よりお礼を申し上げたい。

1994年4月
監修者一同

CONTENTS

1 ことばと文化 —— 人々から生まれて人々をつなぐ ………… 6
2 コミュニケーションのしくみとはたらき ………… 29
3 ことばの含み —— 表の意味，裏の意味 ………… 51
4 会話のなりたち —— 意図をどう伝えるか ………… 71
5 コミュニケーション・スタイル
　　—— ところ変わればことばも変わる ………… 89
6 男ことばと女ことば ………… 109
7 文化とメタファー ………… 131
8 通訳と翻訳 —— 異文化の橋渡し ………… 155
9 国際語としての英語
　　—— さまざまな背景をもつことば ………… 176
10 日本語教育と異文化コミュニケーション
　　—— タイからの報告 ………… 200
11 手話 —— もうひとつのことば ………… 223
12 ノンバーバル・コミュニケーション
　　—— 外国人のための日本語教育のなかで ………… 251

1 ことばと文化
―― 人々から生まれて人々をつなぐ

1. ことばと文化

あらゆる文明において、人間は老いから若きへものを伝えるためにことばを使ってきた。あらゆる人間は話しことばを使う。さらに、書きことばの体系をつくったもの、また他人の体系を借りたものは、民族の知恵や歴史を伝えるために文字を使っている。それらの伝説や物語は、その文明における文化の基礎をつくる。だからこそ、文化とことばはかぎりなく密接にからみ合い、はっきり分けることはできないのである。

文化を定義するとしたら、「その集団の無意識的な行動パターンに、理想、価値観、思考の体系を全部合わせた集合体」となるだろう。子どもたちはこれらを吸収し、両親をはじめとする年上の人々の行動様式をまねる。そして、子どもはたいてい2歳までには文化の基本要素を身につけてしまう。すべての基本要素を共有し、伝統を保とうとする集団で生活していくうちに、人々はコミュニケーションのための基盤を共有することになる。学校で習得する文化もあるが、思考や行動の基として、文化は学齢に達するずっと以前から身についているものなのである。

文化が早い時期に吸収されるのと同じように、ことばの基本的な部分も学齢期前には身につける。人間の言語はこの世で最も複雑な記号体系である。音の種類は比較的少ないが、その組み合わせで何

万という単語をつくり，人々はそれを使って世界や過去やあらゆる種類の抽象概念について話す。また単語を結合させて文を作り出すが，作り出される文の数の可能性は無限である。例えば，英語では次のようにいうことができる。

"John saw the house which was built by the man who lived at the end of the street which was named after Michael Gardner who was the one…"

（ジョンは…であるマイケル・ガードナーにちなんで名づけられた通りのはずれに住んでいた男によって建てられた家を見た）

単語の結合が名詞で終わっていれば，その名詞を句で修飾することができる。この可能性ひとつをとってみても，無限の考えを表現する力があるということができる。数に限界があるとすれば，人間の想像力の限界のためであろうか。2才にならない子どもが，ときに聞いたこともない言い方をする。ある意味では，言語には人間が世界や感情や考えについて話すための無数の文があるといえる。

言語のもつ柔軟性を使って，人間はさまざまな文化的現象を表わす。辞書の中に記録されている語彙は，まさにその言語が内在する文化の歴史といえるだろう。英語の辞書には，英語話者が触れてきた多数の文化——初期のゲーリック人，ローマ人，バイキング人，フランス人などの文化——を映す単語がひしめいている。また，日本語は中国語から数多くの単語を取り入れてきたし，ここ40年ほどは西洋からのものも加わった。外来語辞典には西洋の言語から取り入れられた語が新旧とりまぜて，30,000語以上掲載されている。語彙は文化の接触を反映する大切な鏡でもある。民族のことばも外国語を吸収して独自の語彙に組み入れ，この新しい単語を使って，新しい方法で，新しい考えを表現する。文化が常にゆっくりと変化していくのと同じように，ことばも生きた体系なのである。

2. スタイルと話し手の背景

　ことばは，話し手の社会的背景を反映する傾向がある。それがかなり広範囲になりがちなことばもあれば，より限定的なことばもある。これらの役割を説明するために「固定化／形式化された語法」(frozen or formalized usage)，「助言的／最大情報的語法」(consultative or maximum information usage)，「くだけた／親密な語法」(casual or intimate usage) という 3 つの表現を用いることができる。「固定化された」ことばは本質的に時代を通して変わることがない。例えば，挨拶は特に初対面で，固定的表現になりがちである。「はじめまして」とか"I'm so glad to meet you."などがこれにあたる。法律の用語もある意味で固定的でなければならない。法廷で新しい言いまわしを用いては意味の解釈が曖昧になる恐れがある。きまった言いまわしに対してきまった解釈をすることをよしとしているのである。英語では契約書に"Comes now the party of the first part..."といった表現が含まれることがある。この古めかしい表現は，1,000 年前の英語のように動詞で始まり，甲乙の「甲」という意味の"party of the first part"を使っている。童話にも固定的表現が含まれる。例えば，英語では "Once upon a time"であり，日本語では「むかし，むかし」である。

　2 番目のタイプは，助言的語法である。「助言的」とはその文章にコミュニケーション上必要なあらゆる情報が含まれているという意味である。つまり，メッセージを理解するために必要な背景的情報は，すべて文章の中にあるということになる。英語のビジネスレターがよい例である。ビジネスレターは送り手の会社などを紹介するレターヘッドのついた便せんに書かれ，ヘディングには日付，宛先の氏名と住所，前回のコミュニケーションの参照番号が示され，本文は"Thank you for your letter of 1 November, 1993"といった表現で始まることが多い。これによって，受取人はファイルからそ

のときの手紙のコピーを手にすることができる。また，ビジネスレターの中の数はすべて"five (5)"のように文字とアラビア数字で書かれることが多い。最後に送り手の名前，肩書き，住所，そしてのページに書かれているもの以外の関連の電話番号，ファックス番号，Eメール番号が書かれる。手紙に同封された物はどんなものでも，結びのことばのあとに列挙する。その情報のほとんどは必要ないかもしれないが，このようなタイプのことばの使い方では，ミスコミュニケーションを防ぐために完全な情報が要求されるのである。アメリカ英語では「ビジネス・スタイル」と呼ばれる。

　他にも多くのタイプがあるが，最後に「くだけた／親密な」語法について述べたい。家族や会社などのように人々が互いに共有するバックグラウンドが大きい場では，くだけた形でのことばの使い方が一般的である。このような状況では人々は，互いに相手の関心を心得ている。人々の会話は簡潔な表現，不完全な文，そしてノンバーバル・コミュニケーション（非言語伝達）に依存しがちである。声の音調，視線，姿勢，そして頭の傾き具合でさえも，多くのことを両親や兄弟や友人あるいはその社会集団の他のメンバーに伝えることができる。また，そのような関係にあるふたりの間では，3日会わずにいた後の最初の挨拶が"Like it?"（どうだった？）で，その答が"Pretty good"（よかったよ）であったりする。このふたりが3日前に別れたとき，一方は映画に行く予定だったのだ。こうしたふたりの間でビジネス・スタイルで話すのは不自然である。"Did you enjoy the movie 'Jurassic Park' which you told me you were going to see three days ago?"（3日前，見に行くとおっしゃっていた「ジュラシック・パーク」の映画は面白かったですか？）"Yes, I enjoyed 'Jurassic Park' very much, thank you"（ええ，おかげさまで「ジュラシック・パーク」はとても面白かったです）これは，さほど親しくない人々のものである。事実，親しい友人にビジネス・スタイルを使うと冗談ととられるか，事情を知らな

い人が聞いていると解釈される。

このように親密な集団の中にいる人々は同じ考えや背景を共有しており，文脈（コンテキスト）そのものにコミュニケーションの多くを委ねている。コミュニケーションにおける文脈の重要性の一例として，ある夫婦の早朝のやりとりを示そう。

話し手	くだけた／親密な発話	完全形の意味
妻	"Morn"（おはよう）	"Good morning."
夫	"Morn"（おはよう）	"Good morning."
妻	"Chwant"（何にする？）	"What do you want (for breakfast)?"
夫	"Oh, baneks"（ああ，ベーコンエッグ）	"Oh, bacon and eggs."
妻	"Uhhh"（わかったわ）	"OK"
夫	"Kawfdiyet?"（コーヒーまだ？）	"Is the coffee ready yet?"
妻	"Mint"（もうすぐ）	"In a minute."

完全形とはだいぶ違って，少数の子音と母音が使われているだけであるが，必要な情報がすべて与えられている。このやりとりは「高文脈言語」使用のよい例である。これは，上に述べた「低文脈言語」使用の例であるビジネスレターの対極に位置するものである。ある意味で，このレベルのコミュニケーションの多くは情報を目的としたものではなく，時に「社交的コミュニケーション」（phatic communication）と呼ばれ，社会的接触の維持を目的と

している。1日に何回も廊下ですれ違う人々が、その度ごとに挨拶のことばを交わすように、友好的な環境においては特に意味をもたない社会的接触のためのコミュニケーションがなされるのである。

　もうひとつ別の例を見てみよう。ただし、次の例で使われているのは脱落形ではない。友達どうしが今晩の計画について話しているところである。

| 話し手 | くだけた発話 | 文の完全形 |

#1　"Click's tonight?"　　　　　"How would you like to go to enter-
　　　（今晩、クリックスどお？）　taintainment center called Click's tonight?"

#2　"Some stick, huh?"　　　　"Do you mean that we might play some pool?"
　　　（玉突き？）

#1　"Why not"　　　　　　　　"Yes."
　　　（そう）

#2　"My wheels?"　　　　　　　"OK, whose car should we use?"
　　　（僕の車？）

#1　"See you"　　　　　　　　　"I'll see you when you pick me
　　　（じゃ）　　　　　　　　　　up in your car this evening."

　ふたりの友達は共通なバックグラウンドによって、自分たちの活動についての前提と期待を共有している。このやりとりに見られる社会的連帯意識は、親しい友人どうしのものであることは明白である。完全な文はほとんどなく、おおかたが疑問文であり、スラングが使われている。最初の例と並んで、このやりとりも典型的な高文脈コミュニケーションの例である。

　人々は状況に合わせてことばづかいを変える。階級のない民主主義社会においてさえ、人々は首相と話すときと、社長と話すときと、学校の知人と話すときと、プライベートで恋人と話すときとでは、スピーチ・パターンを変える傾向がある。日本語のような言語

には「食べる・食べます」のようなさなざまな語尾変化と、「食べる・いただく」のような異なる単語があり、一方英語のような言語にはいろいろな状況において異なる言いまわしや"chwant"のような脱絡形などがある。

3. ことばと文脈

　人間の言語はすべて、文化において重要なものはどんなものでも表現する能力を持っている。英語のようにほとんどの状況で「低文脈」の語法を使う言語もあれば、日本語のようにたいがい「高文脈」の語法を使う言語もある。アメリカのように文化的にも言語的にも多様な国では、助言的な（低文脈の）語法は、まったく異なる背景やことばや期待を持った人々の間のミスコミュニケーションを避けるのに役立っている。ただし、文化的多様性を持つ国々と低文脈言語使用との間に完全な相関関係があるわけではない。「低文脈・高文脈」言語については後に述べよう。

　日本語は高文脈言語だといわれている。伝えられるべき情報の多くは社会的な文脈の中にあるため、コミュニケーションしている人々の間である程度既に共有されている。高文脈言語においては、話している人々や彼らの人間関係が、ことばで伝えられるメッセージと同じく、あるいはそれ以上に重要なのである。

　言語の文脈とコミュニケーションを考える際、「規則によって支配された」行動という考えで話を進めよう。すなわち、ある人々の行動や状況には一定の確率があるといえるのである。文化は歴史を通して、さまざまな状況に合った言語、および行動の規範を発達させている。さらに総体的な文化の中の異なる社会集団がそれぞれの規範や規則を発達させている。通常、これらの「規則」は意識されることはなく、慣例と見なされている。ひとつの社会の中のどのような集団も、情報を伝える共通の手段としてコミュニケーション体

系を発達させる傾向がある。例えば，スポーツチーム，医師会，業界，大学機関などは特殊な語句（専門語やスラング）や，特殊な行動および言語の規則を発達させている。バスケット選手なら，アメリカでは，そしておそらく世界のどこでも，マイケル・ジョーダンのような国際的なスター選手のことばづかいと行動をまねるであろう。例えば，次のような言い方である。

問： "What will win the game for you?"
　　　（あなたにとっての勝利作戦は？）
答： "Bounds, baby, bounds."
　　　（リバンドボールさ，君，リバンドボール）

"bounds"や"rebbies"や"boards"は"rebounds"（リバンドボール）のことである。"baby"はこの選手がどんな話の相手に対してでも使うくだけた呼称である。この脱絡形とくだけた形式の使用は，話し手が「バスケットボール」集団に属していることを示している。また，バスケットボールに興味を持っている若者は，スター選手の服装やその他の行動をまねすることがある。こういった高文脈集団においては，スラング，専門語，脱絡形の他に，服装，声の大きさ，話し手／聞き手のターンのとり方，姿勢，話し手／聞き手の視線行動などのノンバーバル面にも類似性が見られる。

　スポーツを基盤とする集団に入るのはそれほどむずかしいことではないだろう。というのは，自分でもスポーツをすることによって，コミュニケーションの場の状況や前後関係，すなわちコンテキストを学ぶことができるからである。スポーツの「領域」は比較的限られているので，新しく入ってきた人はそれほど多くを学ばなくてもよい。一方，文化全体とその中のさまざまなコミュニケーションの場を考えてみると，習得するには何年もかかる複雑なものがある。だから，低文脈文化で，ことばで多くを説明する社会に参入する人の方が，比較的短い期間にその文化の言語を学んだだけで充分

コミュニケーションできる可能性が高い。一方、高文脈文化で、ことばで表わすこと以外に人々が共有しているものが多い社会に参入する人は、新しい文化の中で満足のいくコミュニケーションができるようになるのに苦労する。

また、文化によっては、ことばで表わすことが重視され、高文脈的な状況の数が、他と比較して少ないことがある。しかし、高文脈コミュニケーションの状況が存在しない文化はありえない。例えば、日本語は「話の流れや背景で伝える部分の多い」言語のひとつとしてよく引き合いに出される。実際に口にしたことばにはほとんど情報が入っていないことがあるので、聞き手は内容を理解するためには、文脈を「読む」ことができなければならない。英語にもこの状況は存在する。そのような状況においては、文はすべての情報を伝えるわけではないので、ノンネイティブ・スピーカーにとっては、その文が非文法的に思えるか、まったくコミュニケーションを理解できないかのどちらかということになってしまう。次のような日本語の有名な文について考えて見よう。

　僕はうなぎだ。

ノンネイテイブ・スピーカーはこの文を「僕＝うなぎ」（I am an eel）と理解するかもしれない。しかし、文脈によっては、この文はレストランで「僕はうなぎを食べる」ことを意味するかもしれない。英語でも似たような状況が起こる。レストランでウェイトレスがお盆にいくつか料理をのせてテーブルにやってきて、こんなふうにいう。

Now who's the veal parmesan and who's the spaghetti?
（パルメザンチーズ入り子牛肉料理はどちらさまですか。スパゲッテイはどちらさまでしょうか。）

すると客はこんなふうに答える。

I'm the veal; she's the spaghetti.
(僕が子牛肉で彼女がスパゲッテイだ。)

この文脈ならばこの種の文が可能なのである。ここではこの文は「この客が子牛肉を食べ，彼の配偶者／デート相手／友達がスパゲッテイを食べる」という意味である。別の文脈でなら，"I'm the veal"が意味することは，話し手が子牛肉の料理人であることかもしれないし，子牛肉の絵を描く画家であることかもしれないし，子牛肉専門の美食家であることかもしれない。文法上の文というものは，話し手と子牛肉との不特定の関係を伝えるだけなので，話している内容を理解するために必要な，その他の情報は文脈にあるのである。

この事例は，集団のメンバー間のコミュニケーションに関して，いかにことばと文化が絡み合っているかを示している。文化の基本的な要素と，共通の状況における共有された経験によって，話し手はコミュニケーションのかたちをいろいろ変えるのである。文化集団の中には，他の文化集団に比べて，共有している背景に依存する度合いが大きいコミュニケーションのあり方を発達させているものがある。メンバーが自分の集団でコミュニケーションする限りは，相互理解は正常に行なわれる。

4. 情報がことばの中にあるか？

異なる文化に属する人々と関わりを持つとき，このような文脈情報と言語規則を知らないと，困難に出会うことになる。この場合，前述したように低文脈とされる文化でのやりとりの方が容易になる。低文脈言語と高文脈言語の状況の違いは，次の4つである。

①低文脈文化では，伝達される情報はことばによるメッセージの中に与えられる。状況や文脈は情報を伝えないと考えられているので，情報はほとんどすべて明示される。

②高文脈文化の人々は、状況やことば以外のものが意味を伝達することを前提としている。重要な情報がことばで表現されないということが、低文脈言語の背景をもつ人々の誤解を招く。彼らは、高文脈の人々の意志を間違って解釈し、コミュニケーションへの関心が足りないとか、信憑性に欠けるとか、狡猾で偽善的だとさえ解釈する。

③低文脈の背景を持つ人々は非言語行動と文脈の解釈があまり得意でない。

④高文脈文化の人々は、自分の意図を文脈で伝達できることを期待し、低文脈言語の人々ほどひんぱんにことばによるコミュニケーションをしないことがある。高文脈のコミュニケーションにおいては、最も重要な情報さえ文脈情報の中に委ねられることがある。

低文脈・高文脈に関する、いろいろな国の違いについての研究は数多くある。下の図でいちばん上は高文脈コミュニケーションの使用が最も多い国を、いちばん下は最も少ない国を示している。

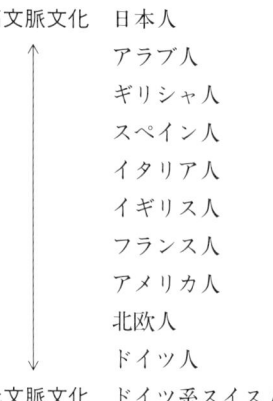

高文脈文化　日本人
　　↑　　　アラブ人
　　　　　　ギリシャ人
　　　　　　スペイン人
　　　　　　イタリア人
　　　　　　イギリス人
　　　　　　フランス人
　　　　　　アメリカ人
　　　　　　北欧人
　　↓　　　ドイツ人
低文脈文化　ドイツ系スイス人

日本，アラブ諸国，ギリシャ，その他の国々のコミュニケーションは著しい高文脈型であり，ドイツ語，スウェーデン語，ノルウェー語，デンマーク語，英語などのゲルマン語系の国々のコミュニケーションは著しい低文脈型である。

5. コミュニケーションの男女差

アメリカは一般的に低文脈文化である。ゆうに100を越える，さまざまな国々からの移民とその子孫たちがおり，そこにある文化の数はさらに多い。ニューヨークやシカゴのような都市では，低文脈から高文脈までのあらゆる段階が見い出せる。移民文化の中で使われることばには，しばしば世代ごとの変化が見られる。通常，四，五世代までには英語が集団の言語になる。しかし，コミュニケーションの手段としてことばにどのくらい頼るかということについては，急激に変化するものではない。例えば，日系アメリカ人やイタリア系アメリカ人は，同じ背景を持つ人々といっしょに住んでいると，第一外国語としての母語を捨ててしまってからも，伝統的なコミュニケーションのしかたや，文化的な特質を長く保つのである。

ひとつの民族でも，状況によって，コミュニケーションの中のことばの重要性が違ってくることのほかに，同じ文化の中でもうひとつ基本的な違いが生じる。研究によると，男性よりも女性の方がさまざまなノンバーバル・コミュニケーション（音調，緊張，しぐさなど）をよく意識するという。高文脈文化の人々と同じように，女性は発話の内容に依存せず，文脈に情報の伝達を委ねる傾向がある。また，男性に比べて，ことばには直接出ていない気持ちや感情の起伏をよく理解する傾向がある。つまり，ある状況のもとで男性と女性がコミュニケーションしようとすると，低文脈文化と高文脈文化の間のコミュニケーションに見られるのと同じような，トラブルが起こることになる。男性も女性もそれを相手の言動のせいにし

たがるだろう。同じように，低文脈文化の男性が高文脈文化の男性のコミュニケーションのしかたを「女々しい」と決めつけることがあるが，これは後者のコミュニケーションのあり方が前者の文化の女性のそれとよく似ているからである。逆に，高文脈文化の女性は低文脈文化の女性を「男勝り」，「攻撃的」，「繊細でない」といった間違った解釈をすることもある。このような誤解から，集団間の，そしてさらには同一文化内の男女間のコミュニケーションさえもお互いにとって不愉快なものになり，コミュニケーションそのものを部分的に，あるいは全面的に拒否することにもなりかねない。

男女のコミュニケーション様式に関する研究は，アメリカ，日本，その他2，3の国々でよく進んでいる。こういったタイプのコミュニケーションの違いと問題がさらに注目されれば，摩擦をやわらげるのに役立つであろう。特に低文脈文化においては，ことばで言い表わさない感情や思いに，当事者が気づき，これを理解することはかなり難しいことである。最善のコミュニケーションには言語面と非言語面の両面の能力が要求される。ノンネイティブ・スピーカーが言語面と非言語面の完全な能力を身につけるには，ネイティブ・スピーカーが学齢に達する前後に学習する「ことばの伝統」を勉強しなければならない。言語に関連した，文化的に重要な経験の多くはこの時期に生じるからである。こうした早期の言語経験・文化経験の広範さと深遠さの例を次に述べよう。

6. 文化学習と言語獲得

子どもはことばを学ぶとき，日常のできごととその表現とともに，文化の歴史の中で伝えられてきた童話，ことわざ，パズルなども学ぶ。これらは幼少期に覚えてしまうので，生涯記憶に残ることもしばしばあり，すらすらと口から出るのである。学校に行くようになると，スポーツなどにも参加する。その語彙やスター・プレー

ヤー，ルールはメタファーとして用いられることもある。子どもが学齢前および学齢に達した後，言語技能を発達させながら文化を学ぶ例を，いくつか次に述べよう。ここに示す例はアメリカ文化からとったものであるが，この一般的な考えは人間の歴史上のどの文化にも当てはまる。

6.1. マザー・グースの唄

最も古いマザー・グースの唄は少なくとも14世紀にさかのぼる。学齢前の子どもたちはそれらが大好きで，しばしば読み方を学ぶ前に多くの唄を覚えてしまう。それらは子どもが面白がるばかりでなく，彼らの言語能力を発達させるのにも役立つ。"Jack Sprat"の唄は，幼児期の後期で習得されるいくつかの音と，［kspr］という子どもにとって非常に発音しにくい子音連続を含んでいる。"This is the house that Jack built"（これはジャックが建てた家）ということば遊びは，記憶力の発達とthat, which, who で始まる関係詞節と呼ばれる統語構造の能力を発達させるよい例である。子どもには最初の行が与えられ，次に"malt"や"rat"などのことばが与えられる。そして，続きをうまくいえると，"cat"など次々にことばを加えていく。

A. This is the house that Jack built.　　　　　Malt.
　　（これはジャックが建てた家）

B. This is the Malt
　　　that lay in the house that Jack built.　　　Rat.
　　（これはジャックが建てた家にあったモルト）

C. This is the rat
　　　that ate the malt

that lay in the house that Jack built.　　Cat...
　　（これはジャックが建てた家にあったモルトを食べたねずみ）

ある唄版には11の関係詞節が含まれているが、4才にもなれば子どもはなんとかうまくいえるようになる。アメリカの子どもたちはことば遊びとしてこのマザー・グースの唄に出会うのである。

　文芸作家たちもこれらの唄を引用しているので、例えば、シェイクスピアの作品を理解するにも重要である。他の作家もひんぱんにマザー・グースの唄を使い、読者がそのさりげない意味をわかってくれることを期待している。

　マザー・グースの唄に登場する人物と状況は比喩的、隠喩的にも用いられる。その寓意は、ネイティブにとってはなんの説明も要らない。例えば、レストランでお金の足りなくなった人が別の人に少しお金を貸してもらいたいというと、その人は"I haven't got any extra in my wallet."（財布に余分の持ち合わせがない）という代わりに、"The cupboard is bare."ということがある。また、この表現は頭になにも浮かばなかったという意味で、「なにかいい考えはないものかと試みたが、私の食器戸棚は空っぽだった」、つまり「頭になんの考えも浮かばなかった」と用いることもできる。実体のあるものにも、ないものにも使われるのである。元になっている唄は次の通りである。

Old Mother Hubbard went to the cupboard
　　To fetch her poor dog a bone.
When she came there the cupboard was bare
　　And so the poor dog had none.
ハバードおばさん　戸棚へ行った
　　かわいそうな犬に骨をやるために
そこへ行ったら　戸棚は空っぽ
　　犬は何にももらえなかった

マザー・グーズには何百という唄があるが、そのうちの数十篇を学習させることは、学齢前の家庭教育の一部となっている。

6.2. イソップ物語

アメリカ文化の中で共有されるもうひとつの言語経験は、ギリシャから西洋文化へと伝わってきたイソップの寓話である。子どもはこれらの寓話をよく知っている。最も有名なもののひとつは兎と亀の競走の話であろう。傲慢な兎がはじめは勝っているが、最後に亀がうぬぼれ屋の兎を追い越して、「ゆっくりではあっても着実に」行った方が競走に勝つ話である。ここでは忍耐、専念、最善を尽くすという教えが強調されている。

"The Wolf in Sheep's Clothing"（羊の皮を着た狼）にはふたつの注目すべき点がある。狼が羊の皮をかぶって羊たちの中に入り、羊と羊飼いをだまそうとする。狼は彼ら全員をだましおおせたと確信し、1匹を食べる前に昼寝をすることにする。羊飼いは自分の食事用に羊を1匹殺そうと決心し、間違って狼を殺してしまう。第1の教訓は、グループの中の一員のようにみえても敵がいるかもしれない、ということである。"George is our manager, but he's a wolf in sheep's clothing"とは、「ジョージは会社の方針に背いた行動をしている」という意味である。第2の教訓は、怠惰は滅亡につながる、である。

上の狼の話と同じくらいひんぱんに引用される寓話は"Wolf! Wolf"である。ある少年が村人に注目されたい一心で、狼がいないのに「狼だ! 狼だ!」と叫ぶと、村人たちが狼を追い払うために駆けつけた。村人たちは2度もだまされると、本物の狼が現れたときには駆けつけようとはしなかった。そして少年の羊は食べられてしまった。この教訓は、ふだん嘘をついていると、本当のことを言ったときに信じてもらえない、ということである。嘘をつくことはた

いへんいけないことと考えられているので，英語では他人を嘘つきと呼ぶことについて慎重になる。代わりに，"You aren't crying 'wolf,' are you?"（狼だ！って叫んでるんじゃないでしょうね）ということがある。

イソップ物語の教訓は，物語とは切り離されて用いられることが多い。"look before you leap"（転ばぬ先の杖），"pride goes before a fall"（おごれる者はひさしからず），"good looks aren't everything"（美貌がすべてではない）のように，ことわざ的な教訓になっている。子どもは成長の過程で似たような状況に直面することになるので，親は上のようなフレーズを用いて子育てをするのである。

6.3. おとぎ話

ある文化のおとぎ話にはその集団の基本的な価値やあこがれが含まれている。西洋には子どもがみんな知っているおとぎ話があり，それらはきまって引き合いに出される。"The Sleeping Beauty"（眠れる森の美女），"Snow White and the Seven Dwarfs"（白雪姫），"Cinderella"（シンデレラ姫）では，美しく若い女性が苦労をし，ハンサムな王子さまに助けられて，結婚し，その後ずっと幸せに暮らす。このテーマは西洋のおとぎ話の中で人気のあるもののひとつである。アメリカは王子さまを持ったことは一度もないが，これらのおとぎ話の共通経験によって，"She found her prince."という表現は即座に理解されるのである。

"For a few beans?"は，とんでもない男が家族の牛をわずかの豆と交換したというおとぎ話に比喩的に触れている。だから，この表現は愚かな買い物または商売のことを暗にいう。物語では，若い男が豆を植えるとその茎が天まで伸びる。男はそれをよじ登り，巨人に出会う。巨人は男をもう少しで殺しそうになるが，男はどうにか

巨人を退治して家に帰る。"Jack and the Giant Killer", "Jack and the Giant", "Jack and the Bean-stalk"（ジャックと豆の木）といろいろな題名がある。ほとんど無力の若者が敵の裏をかいてなんとか勝つというこの表現は，"the giantkiller"という言いまわしも生み出した。

外国語を文化面にわたってまでマスターしようと思ったら，子どものための有名な物語や唄をそらんじるくらいにしなければならない。子ども用の素材には，文化的背景として共有している世界についての基本的な理想や価値や前提がすべて含まれているのである。

6.4. 文化の中のスポーツ・メタファー

学校に行くようになると，子どもはその文化の主要なスポーツを学ぶ。その結果，これらのスポーツに基づいたメタファーに出会うことになる。後に大人の世界の生活をするようになると，ビジネス・メタファーにスポーツが用いられる。アメリカでは，子どもたちは多くのスポーツに出会い，参加するようになったり，スポーツ大会で演じるバンドに加わったりする。チアリーダーや応援団のメンバーや，熱烈なサポーターになる者もいる。バスケットボール，フットボール，野球が最も人気のあるスポーツなので，これらについてのメタファーが多いが，その他ボクシング，テニス，ゴルフ，水泳，体操などあらゆるスポーツに基づいたメタファーがある。

その中でも，バスケットボールは文化意識の中に深く埋め込まれるようになったスポーツである。このアメリカのスポーツは，いまやほとんど世界中で人気がある。バスケットからきているメタファーに，次のものがある。販売主任が販売員に，"Let's put a full-court press on our customers."（全面的に客に攻撃をしかけよう）といえば，すべての客は次の瞬間，販売員たちから見つめられることになるだろう。バスケットボールでは，ふつうディフェ

ンス側は，オフェンス側の選手が自分たちの陣地に来るまで待っている。"full-court press"という作戦を使う時は，各ディフェンダーはオフェンス側の選手ひとりずつに張りついて，コート全面にわたりぴったりとマークするのである。このメタファー表現は，あらゆる種類の状況で耳にする。

ゴールは床上3メートルあまりの水平におかれた金属のリングである。バスケットボールで最もエキサイティングなプレイは，選手が高くジャンプしてボールをリングに力ずくで押し入れるときである。この"slam dunk"は大成功をいう隠喩として使われ，ビジネスマンは"We sure slam dunked our competition on that sale."（われわれはその販売競争に確実に勝った）のようにいう。このプレイは通常，守備の不成功を意味するので，この表現は，競争相手に対するあざけりを指すことになる。

自分の文化のなかで言語を学び，適切な行動を学びとっている子どもたちは，家族や学校経験を通して文化的な理想や価値，そして世界観を吸収する。ある文化の中で完璧なコミュニケーションが果たせるかどうかは，比較的低文脈の文化であっても，文化に関連した経験のバックグラウンドを多く共有することにかかっている。

7. コミュニケーション能力

子どもは生まれて数年で，なんら公的な教育を受けなくても，ひとつあるいはそれ以上の母語を習得する。また，子どもは同じように，その文化の非言語的なコミュニケーションの側面も習得する。学校ではふつう，ことばに関して，語彙，文の組み立てなどを教える。ノンバーバルの側面の能力は，大部分が個人の経験と観察による学習に任されていることになる。ある文化の中で成長することにより，子どもは自然にその文化の背景を共有する。両親の文化と違う文化をもつところで育つと，子どもは地域と家庭の，両方の文化

的背景を学ぶ。このようにして、子どもは権威、階層、年齢、男女関係、丁寧さなどに関連したコミュニケーションの規則を意識的、無意識的に学びとるわけである。文化全体は複雑なものであるから、実際にさまざまな社会状況にぶつかるのは、通常20代になってからであろう。

コミュニケーション能力には、言語、音声的特徴、ノンバーバルの側面、それにある状況でどのスタイルやどのタイプのことばづかいをするか、あるいはことばを使うべきかどうかということまでも指し示す使用規則が含まれる。他の文化の言語を学び始める人は、ネイティブスピーカーが何年間も経験してきたのと同じものを共有していない。学習者はその文化の言語の、言語的側面は勉強しやすいが、音調やノンバーバル面に関するものはなかなか習得しにくい。さらに、その文化の中のすべての文脈パターンが記述しつくされているわけでもない。最も苦労するのは、古い宗教的な伝統を基盤とする低文脈文化の出身者が、他の古い宗教的な伝統を基盤とする高文脈文化に入った場合である。このような状況では、ネイティブと同等のコミュニケーション能力を獲得することはほとんど不可能といえる。ふつう、ノンネイティブの学習目標は完全なネイティブスピーカーの能力ではなく、ある一連の文脈の中でことばを充分機能させることにおかれる。この一連の文脈とはビジネス、政治、教育などの場である。こうした場にさえ、地位関係、堅苦しさや丁寧さのレベルなどについて学ぶべきことがたくさんある。

コミュニケーション能力とはなにかを知るひとつの方法は、異なる側面をバラバラにして図式化することである。下の図は、完全な伝達能力に関わるいくつかの要点を表わしている。それらには言語能力、非言語能力、会話の状況における役割を理解する能力、コミュニケーションの不可欠部分である文脈の重要な諸側面を理解する能力が含まれる。

非言語能力	言語能力
非言語面を理解し，それに反応する能力	言語システムの中のメッセージをコード化し，解読する能力
役割能力	文脈能力
種々の社会的状況において正しい役割と行動をとる能力	環境の中の重要なコミュニケーション面を知覚し解釈し理解する能力

図1　伝達能力に含まれる諸側面

「言語能力」には，文法知識，適切なバラエティとスタイル，そしてその他の変種をいつ使うべきか，またいつ沈黙すべきかなどを支配する使用規則が含まれる。

「非言語能力」には，顔の表情，ジェスチャー，視線，姿勢，接触行動，距離行動などのほか，種々の文脈でこれらをどう表わすかを支配する表示規則も含まれる。

「役割能力」には，聞き手あるいは一般聴衆などとの関係において，社会的役割をどのように引き受けるかについての知識が含まれる。それはある状況において，言語行動を含めた適切な行動は何かについての知識を含んでいる。さらに，発話も含め，これらの行動の社会的規範に対して，いつ，どうしたら違反になるかについての知識を含む。

「文脈能力」には，言語や非言語による相互作用をとりまく，上に述べたもの以外の状況や他の関連要素を知覚し，理解する能力が含まれる。それは一定の状況において，人々とうまくかかわる能力も含んでいる。

8. 結論

　ことばとそのことばが使用されている文化は，事実上相補的なものである。伝達されていることをすべて理解するには，その言語そのものの知識とその言語が使用されている文化的背景の知識の両方が必要である。正確な文を作り，理解することに限ったことばの学習は，文化を理解する際の第1段階であるかもしれないが，文化的文脈における行動パターンを学習することは，ことばの学習の初期の段階においても必要である。

　文脈という点では，英語は日本語と違って低文脈文化なので，英語の文脈を学習することはあまり重要ではないように思うかもしれない。しかし，高文脈文化と低文脈文化の違いは程度の違いである。両者とも，ことばはある状況でその背景をともなって使われ，その双方が常に意味の一部を伝えることになるのである。

　世界中でことばと文化は長い豊かな歴史的遺産を持っており，ある程度は，その文化の中で育った人々の共通の知識となる。しかし，おおかたの人は共有している歴史や経験が，相手を理解することにいかに貢献しているかに気がつかないのである。実際，もし立ち止まって相互作用の文脈全体について考えなければならなかったら，コミュニケーションは制限され，ことによると成り立たなくなってしまうだろう。

　ある言語とその文化を学んでいるノンネイティブは，ちょうど同じような状況を経験していることに時々気づく。彼らは，ことばを含むあまりにも多くの要素に注意を集中しようとして，メッセージの一部しか理解できないことがある。学習者が文化とその背景について，経験しながら習得することは，コミュニケーション能力の育成に必要である。このためには，自然な，あるいは自然に近い環境でその言語の話し手と実際に話をするのにまさることはない。

　この章の初めに，文化は集団の無意識な行動パターンであるとと

もに，理想，価値観，思考の体系を全部合わせた集合体であると定義した。子どもは早い時期にこれら基礎になる理想や価値を吸収し，ことばによるコミュニケーションのためのあらゆる種類の文脈を経験する。ノンネイティブの学習者は同じ理想や価値の集合体を共有することはないかもしれないが，それらについて学ぶことによって，その言語と文化の理解をより深めることができる。文化理解のあらゆる段階が言語理解に役立つ。ノンネイティブの学習者は，2才の子どもと同じように新しい言語を習得することはもちろんできない。しかも，言語を効果的に学ぶためには，くだけた文脈／親密な文脈／家族の文脈などをすべて経験する必要はない。学習者は「フォーマル・スタイル」と「助言／ビジネス・スタイル」の状況を経験すれば，新しい文化のこれらの側面内で言語技能を発達させることができる。このような状況のもとで，友情や仲間どうしの関係が育つにつれて，学習者はより自由なコミュニケーション・スタイルを経験しうるのである。そうすればより幅の広い文化的文脈の中で言語運用能力を伸ばすことも可能になろう。

　新しいことばを学ぶことは新しい文化を学ぶことである。ことばは集団の文化的遺産として成長し，発達したものであるので，ことばと文化は特別なかたちで絡み合っている。ある言語の辞書の中の外来語や特殊な外国語の表現は，その言語の文化的遺産の一部と，その言語が使われ，学ばれた歴史的背景の一部を示している。他の言語の文化的歴史はその人自身の言語で学ぶことも可能ではあるが，それを完全に理解するにはその文化の言語を知る必要がある。ことばは文化の最も基本的な要素を構成している人間の理想や価値や前提をはっきりと示す働きをしている。コミュニケーション能力には言語能力，非言語能力，役割能力，文脈能力が含まれることを先に述べた。ある文化の言語のコミュニケーション能力というものは事実上，文化的能力であるといえるかもしれない。

(Bates L. Hoffer／橋本弘子訳)

2 コミュニケーションのしくみとはたらき

　本章の目的はコミュニケーションのしくみと働きとはどのようなものであるかを述べることである。本書は『異文化理解とコミュニケーション』であるから，本章で論ずべき「コミュニケーション」は「異文化理解」という観点から見たものでなければならないはずであるが，コミュニケーションと異文化理解の関係は決して単純なものではない。　異文化理解とコミュニケーションをまとめて研究する学問分野が「異文化（間）コミュニケーション」である。この分野の研究を極めて単純化して述べると，基本的な前提は，それぞれ出身文化が異なるふたり（以上）のコミュニケーターは，文化の差異ゆえに，コミュニケーション上の困難に直面するということであり，したがって，その分野の研究対象は，(1)どのような場合にどのような困難が生ずるか，および，(2)困難を避ける方法はなにか，である。(2)に対する答は，これもまた単純に一般化すると，異文化を「理解」すること，となる。つまり，一般的には，Aさんが，Aさんの文化とは異なるある文化出身のBさんとコミュニケーションをする場合に，AさんがBさんの文化を理解していれば，より困難の少ないコミュニケーションができる，ということになる。

　この伝統的な異文化コミュニケーションの考え方の中には，少なくとも2種類の大問題が潜在している。第1に，コミュニケーション上の「困難」に関わる問題である。例えば，困難のあるなしは何を基準に判断するのか。困難のない，ひいては良いコミュニケー

ションとは何なのか。コミュニケーション上の困難は文化の差によっても生じるし、その他の要因でも生ずる。それらの区別をどのようにして行なうのか。文化の差異より生ずる良いことはないのか。その他種々の疑問が生じる。

　第2の大問題は、「文化」とか「理解」という概念と関係する。ひとことでまとめれば、異文化コミニュケーションにおいて、「文化」を「理解」するとはどういうことか、という問題である。外国語でコミュニケーションができるようになるためには、異文化の理解が伴わなければならない、といわれる。なぜならば、外国では、言語とともに文化も異なるからである。それでは、外国語とともに異文化を理解するとはどういうことなのか。例えば、日本の「こんばんは」と英語の'Good night'は、言語のみならず、使い方（文化）も異なる。まずこれらが異なることを知り、アメリカで'Good night'という挨拶をいつ、どこでしたらふさわしいのかを知る。あるいは、日本語には同意語がないとされる'fair play'という語のアメリカ的概念を理解する。これらは、確かに文化の理解ではあるが、それだけで、アメリカ人と、あるいはアメリカでコミュニケーションができるようになったとはいえない。アメリカ文化についてもっと多くのことを、もっと深く理解すれば、アメリカ人とうまくコミュニケーションができるようになるのであろうか。もしそうだとすれば、どのくらい多くのことを、どのくらい深く、理解すればよいのであろうか。

　また、異文化コミュニケーションにおいては、「理解」とは知的理解にとどまらない。'Good night'という言葉と、それが使われるにふさわしい時間と場所を知的に理解したら、それを口に出して言うという行動をしなければならない。さらにこの言葉を、感情的に、心を込めて、あるいはおざなりに使うことによって、相手との人間関係を樹立したり、それに変化をもたらさなければならない。さらに、人間関係は社会的な共同行動につながってゆく。例えば、

会社の退出時に心あたたまる'Good night'を繰り返す上司と秘書は、出身文化とは関係なく、仕事上良い関係にあるだろうし、さらにはいつか結婚するかもしれない。

このように、異文化コミュニケーションを、文化の差異への強調をゆるめ、人間関係を強調して考えると、上司と秘書がお互いに異なる文化の出身であるか、同じ文化の出身であるかという問題よりも、人間関係のつくり方、あり方が問題となる。従って、今日では多くの研究者は、異文化コミュニケーションをインターパーソナル・コミュニケーションの観点から研究しようとしている (Gudykunst & Kim；Ting-Toomey & Korzenny；Gudykunst & Ting-Toomey；Gudykunst)。

本章で論ずることも、文化の差異であるよりは、人間関係を重視するインターパーソナル・コミュニケーションである。この観点からの異文化理解とは、単に異文化を静的なものとして理解するにとどまらず、自分と異なる人間（異文化の人間のみならず、同一文化においても、さらには、ひとりひとりが独自の文化をもっている、と考えてもよい）と自分が、共同してつくりあげるコミュニケーションの世界（共有されるコンテキスト、あるいは第3の文化とも呼べる）において、やはり共同して変化させる人間関係の動的なプロセスを理解し、かつ実践できることである。逆に言えば、自分と相手が「良い」コミュニケーションをできるということこそが、とりもなおさず、お互いが相手を理解し、かつ、お互いの文化と、共通のコミュニケーションのコンテキストを理解していることであると考えてみよう。そして、この理解と実践のプロセスがコミュニケーションでもある。

1. しくみと働き

コミュニケーションの「しくみ」あるいは「働き」とは何のこと

を意味しているのであろうか。まず,「しくみ」とか「働き」とは何であろうか。学問上の議論では,しくみは「構造」,働きは「機能」と言い換えられる。まず,「構造」や「機能」の一般的な意味から考えて見よう。今,私は石油ストーブで暖をとりながら,この原稿を書いている。この石油ストーブの外観は単純なものであるが,各部分を接続している電気回路はかなり複雑である。石油ストーブの各部分は電気系統によって複雑に結びつけられている。ここでは,この結びつけられている,各部分より成るシステムを「構造」と呼ぶことにしよう。

　私の石油ストーブはこのような構造を持っているが,このストーブに,その「機能」,すなわち部屋を暖房する,を果たさせるためには,油タンクに灯油を入れ,電源コードを差し込口みに入れ,運転スイッチを入れなければならない。運転スイッチを入れると,石油ストーブは機能を果たし始めるが,暖房という機能をより効果的に果たすために,このストーブはいくつかの特別機能を与えられている。サーモスタットを使った温度自動調節,自動点火や消化,さらには,気化器内の炭化物のクリーニングや換気の注意までしてくれる。これらはすべてこの石油ストーブの機能である。しかし,古い灯油を使ったり,置き方や場所を間違ったりすると,この石油ストーブは十全の機能を果たさなくなる。

　以上のストーブの例からわかるように,一般的に言って,ある物の「構造」とは,いくつかの部分より成っており,各部分は相互に結びついている。また,「機能」とはその構造が果たしている,あるいは果たすべき役目であって,構造の取り扱い方によって,それに効果的に役目を果たさせることもできるし,効果を上げさせないこともある。

2. コミュニケーションの構造

 話題をコミュニケーションの構造と機能に戻そう。先に,私は,暖房器具一般ではなくて,私の使っている石油ストーブを例にした。同様に,ここでも,まず,コミュニケーション一般ではなくて,本章ではコミュニケーションをどう取り扱うかという考え方を確定しなければならない。なぜならば,コミュニケーションは,人間の個人生活,社会生活全般に関することであって,その構造や機能を論ずることは,人間生活の構造や機能を論ずることにもなり,考え方を定めないと,取り扱えなくなることもあるからである。

 本章におけるコミュニケーションの考え方とは,「相互作用過程説」と呼ばれる考え方である。相互作用過程説をとるコミュニケーション研究者は,一般に,次のふたつのことに同意していると言えよう。(1) 広くは,コミュニケーション構造を構成している各要素,狭くは,最小限ふたりのコミュニケーターは,お互いに影響を与えあっている。つまり,相互作用をしている。(2) コミュニケーションは,どこから始まり,どこで終わるということがはっきりとしていない人間活動であり,問題にすべきことは,始まりや終わりのはっきりした完結的な事象ではなく,常に変化をしている状態にある,コミュニケーションと呼ばれる過程(プロセス)である。

 相互作用過程説に基づいて本章で問題にするコミュニケーションを定義すると,コミュニケーションとは,ある状況(コンテキスト)のもとで,ふたり(以上)の人間が,言語的,非言語的メッセージを媒介にして,相互に影響を与えあい,相互の影響は,ふたりのコミュニケーター間の関係の変化となって現われる,となろう。この定義が強調することは,「コミュニケーション」,「人間関係」および「相互作用」は,基本的に,同じことを指す,ということである。

 以上のコミュニケーションの定義によって,インターパーソナ

ル・コミュニケーションの構造を考えてみよう。先のストーブの外観に該当するのが、図1のコミュニケーションの「外観」である。この外観からは、このふたりがどんな関係で、どんなコミュニケーションをしているのかはわからない。次に「構造」を見よう。図2はもっとも単純な、したがって、もっとも基本的な、コミュニケーションの構造図である。この図では、コミュニケーションを構成している要素は4つある。(1) コミュニケーターAという人間、(2) コミュニケーターBとされている人間、(3) メッセージ、および (4) コンテキスト、である。

　コミュニケーターAとかBとされているのは、もちろん、コミュニケーションを行なっている人間である。それぞれが記号化、解釈者、解読とされているのは、コミュニケーター内部のイントラ・パーソナルなプロセスを示している。ある場合には、AとBを発信者（送り手）と受信者（聞き手）とすることもあるが、ここでは、相互作用を重視するために、コミュニケーターという用語を使う。

　メッセージとは、AとBの間に交わされる一連の言語的、非言語的シンボルである。コミュニケーションを行なっているAとBは、常にこのシンボルの「やりとり」を行なっている。たとえ、Aだけが話をし、Bはもっぱら聞いているだけのように見えても、AはB

図1　コミュニケーションの「外観」

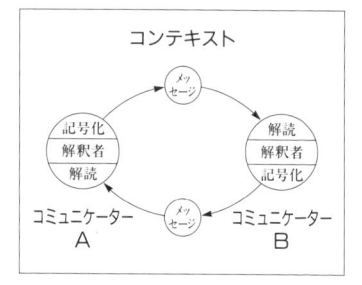

図2　コミュニケーション製造のモデル―オズグッドとシェラムの循環モデルの一部を改変（D.マクウェール/S.ウィンダール）

から送られてくる非言語メッセージ（うなずき，顔の表情，姿勢など）を受け取って，自分の送り出すメッセージを調整している。これを少し専門的に言い換えれば，AはBのフィードバックを受けて，自分のメッセージのアダプテーションを行なっている，と言う。さらに別な言い方をすれば，AとBは，このようにして相互作用を行なっているのである。話し手と聞き手の間の相互作用は ↻ で表わされる。

最後に，コンテキストであるが，この概念は，一般的には，コミュニケーションに影響を及ぼす外的環境を意味するが，研究者はこれにいくつかの意味を持たせている。ひとつは，自然的あるいは物理的環境である。コミュニケーターAとBは風光明媚（風の音と光）な浜辺（空間的広さ）でコミュニケーションをしているのか，混雑してうるさい（音），狭い喫茶店（空間的狭さ）で話をしているのか。このような自然的（物理的）環境によって，AとBのコミュニケーションは影響を受けるであろう。

次に，社会的あるいは社会心理学的環境がある。AとBのコミュニケーションの場が，人口300人の過疎の農村であるか，多数の人間が密集する大都会であるかによって，そのコミュニケーションは影響を受けるであろう。

コミュニケーションのコンテキストの3つめの意味は，コミュニケーションの状況に何人のコミュニケーターが関わっているかに関係する。ここで問題にしているのはふたりであり，これは「ダイアディックなコミュニケーションのコンテキスト」と言われ，コミュニケーション研究の最小単位である。この他に，グループ，パブリック，マス等のコンテキストがあり，これらはレベルとも呼ばれる。（平井）

最後に，文化的コンテキストがある。この概念は，エドワード・T・ホール（Hall）という文化人類学者によって提唱された，コミュニケーション研究上大変すぐれた概念である。ホールは，メッ

セージそのものより，メッセージが交わされる文化を問題にする。ある文化では伝えられるべき情報の多くが文化に内在している。従って，コミュニケーターが，大量のメッセージ（情報）を直接交換しなくても，コミュニケーションは成立しやすい。別の文化では，逆に，メッセージの意味の少しの部分しか文化の中に内在していない。従って，人々は大量の情報を送らなければ，コミュニケーションは成立しにくい。ホールは前者を高コンテキスト文化，後者を低コンテキスト文化と呼ぶ。例えば，日本人は高コンテキスト文化で生活しているので，メッセージを，こと細かにたくさん交わしたり，それを論理的に厳密に組み立てなくとも，いわば，ツーカーでコミュニケーションを成立させてしまう。これに対し，低コンテキスト文化，例えば，アメリカ文化では，多量の情報を論理的に組み立てて，メッセージを送らないと，コミュニケーションは成立しにくい。また，低コンテキスト文化のアメリカでも長年連れ添った夫婦のコミュニケーションは，少ないメッセージで多くの情報を伝え得る，高コンテキストなコミュニケーションともなるであろう。重要なことは，コンテキストは，文化によってその傾向がすでに決定されているとともに，コミュニケーターが共同して独自のコンテキストをつくる，ということである。異文化コミュニケーションでは，この共同して生成するコンテキストを「第3の文化」と呼ぶ。

　以上はコミュニケーションの構造を構成する各要素の説明であるが，ストーブの構造の各要素が電気系統で結びつけられているように，コミュニケーション構造の各要素も相互に結びつけられて，関係しあっている。このことは上記の説明にすでに含まれている。まとめてみると，コミュニケーターAあるいはBとそのメッセージは，もちろん関係がある。例えば，Aが風邪をひいてぐあいが悪い時は，そのメッセージも不景気なものとなろう。元気なBは不景気なメッセージなど聞きたくないから，つい，「うるせえなあ」などと言うかもしれない。このようにA（あるいはB）によるメッセー

ジの受容（解読）とA（あるいはB）の内面（解釈者）と発信（記号化）は関係があり、その結果としてメッセージがつくられる。さらに、AとBはメッセージを媒介にして関係している。それだけではなく、コンテキストを上記4種のうちのどれと考えようが、それは、AやB、あるいはそれぞれのメッセージと関係している。騒々しい場所でのコミュニケーションは大声で大雑把なものになりがちであるし、病院での患者同士のコミュニケーションは、同病相憐れむものとなりやすい。

3. インターパーソナル・コミュニケーションの構造

以上で、コミュニケーションの一般的構造を説明したのであるが、これでは本章で問題としているインターパーソナル・コミュニケーションの構造、すなわち、相互作用を通しての人間関係の始まり、発展、あるいは停滞、終えんについては何も言っていないに等しい。その理由は、先に使用したコミュニケーションの構造のモデルには、始まりから終えんに至る変化の要素を含めることができないからである。人間関係はコミュニケーションを通して変化し、また変化した人間関係はコミュニケーションに反映されることは明らかなのであるが、通常、定義や紙の上に印刷したモデルによって、この複雑かつ時間的なプロセスを表現することは大変困難なことである。このようなプロセスをモデル化しようとすると、構造自体を抽象化せざるを得ない。図3はこのような、コミュニケーションのダイナミックな変化のプロセスを強調するモデルである。縦の矢印は時間の変化を、らせんの矢印はコミュニケーションの変化を表わす。このモデルは次に述べる人間関係の変化のプロセスにも応用できるであろう。

インターパーソナル・コミュニケーションにおいては、コミュニケーションと人間関係は切り離せない。そして、これら両者の関係

図3　ダンスのらせんモデル
(P.マクウェール/S.ウィンダール)

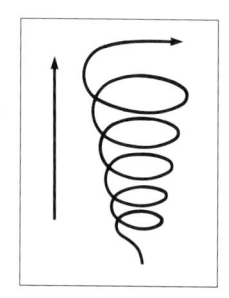

は，コミュニケーションのメッセージと人間関係の変化の問題として，比較的具体的に説明しやすい。

　まず，一部のコミュニケーション研究者が人間関係をどのようなものだと考えているかを見ておかねばならない。以下に，フィッシャー（Fisher）が挙げる人間関係を考える5つの原則を見よう。フィッシャーによれば，人間関係とは，

(1) <u>創造されるものである</u>：「自然に生ずる」ものではなくコミュニケーターの行動によってもたらされるものである。同様にその変化もコミュニケーションによってもたらされるものである。

(2) <u>相互行動として，創造されるものである</u>：ひとりの人間のコミュニケーション行動が，相手のある種の反応（コミュニケーション行動）を招き，その反応が，さらに，先方のある行動を呼ぶ。このように，人間関係は相互の行動として，創造される。

(3) <u>変化する</u>：単に「ある」ものではなく，「なる」ものである。ある関係は時とともに変化する。ある関係は常に別の関係に至るプロセスである。関係を「維持する」とは，それを「変化させる」の意味である。

(4) 関係者双方に，常に，何らかの結果をもたらす：ある人は相手とコミュニケーションをして（ある種の人間関係を経験して），その結果，相手に「好感」を持つことも「何とも思わない」こともある。その他の結果も生ずる。相手にとっても同様である。いずれにしてもこれらは，コミュニケーションとして実現した人間関係の結果であり，その結果は次のコミュニケーションに影響する。
(5) 質的に異なる：親族関係と総称されていても，ある人のその母親との関係は，その人の父親との関係とは異なり，また，その人とその人の子供ひとりひとりとの関係は，やはり，それぞれ異なる。友人関係も種々に異なる。Aさんとその友人Bさんの関係は，Aさんと別の友人Cさんとの関係よりもより親密であるかもしれない。このように，すべての人間関係（ひとりの人間のすべての人間関係も，世界中に存在する人間関係すべても）はそれぞれ質の異なるものである。

4. 人間関係の構造

人間関係がこのようにコミュニケーションとともに変化するものであるとすれば，人間関係の構造は，その変化の構造であると考えられる。以下に，人間関係の構造を，変化のプロセスとソシアル・ペネトレーションのふたつの観点から見よう。

人間関係の変化のもっとも基本的なプロセスは，図4に示された出会い，参加，親密，危機および解消の5つの段階で表わされる。つまり人間関係は，一般に，これらの5段階（要素）の構造として考えられる。そして，各段階は一定のコミュニケーション（∩で表わされる）の後に終了（⟶）することもあるが，コミュニケーションによって強化あるいは弱化されて，前後の段階に移行（↕）することもある。例えば，新入社員が会社で同僚に「出会

い」,一緒に仕事をする(「参加」)うちに意気統合して,毎晩一緒に飲みに行くほど「親密」になるが,そのうちにささいなことから口論となり,ふたりの仲に「危機」が生じ,ついにはひとりが,あいつの顔も見たくないと遠くの営業所に転出して,ふたりの関係は「解消」する。

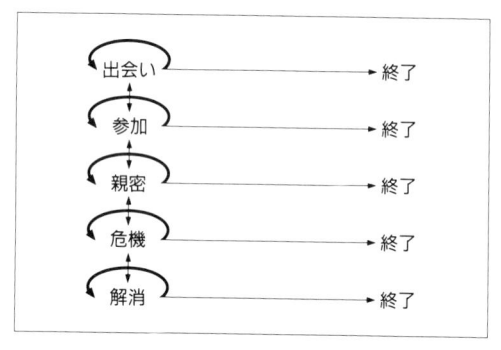

図4 人間関係の5段階モデル
(Joseph A. Devito)

　以上は,出会いから,人間関係の否定的な解消に一直線に至る例であるが,実際の人間関係はこれよりはるかに複雑である。あるふたりは,意図的,無意図的に,出会い以上の関係に進まないし,別のふたりはその関係を職業上のコミュニケーションへの参加に止めている場合もあろう。さらに,多くの親密な関係にある夫婦は,夫婦関係の危機を回避すべく努力をしているし,一度結婚を解消した夫婦が,再度結婚することもある。一時期お互いに口もきかなくなった父子が,何年かを経て,一緒に酒を酌みかわすこともある。

　ソシアル・ペネトレーションは人間関係の深浅を構造化(図5)しようとするものである。このモデルでは,人間関係を,コミュニケーションのトピック(A,B...で表わされる)と,人間が内部を「さらけ出す」程度(同心円と矢印であらわされ,大きい円ほど

表面的なつきあいを示す）によってとらえようとするものである。図5において，「知人関係」ではトピックは少ないし，表面的なつきあいであるが，「親密関係」にある人間同士のコミュニケーションでは，トピックも多くなり，お互いが心の深部をさらけだす。

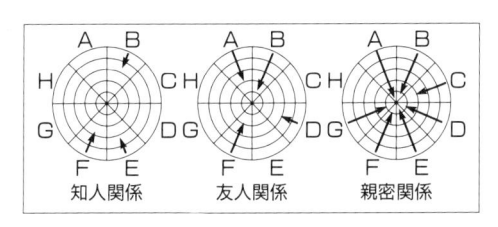

図5　ソシアル・ペネトレーションのモデル
（Joseph A. Devito）

5. コミュニケーションの機能

　ふたり（以上）のコミュニケーターの関係を，人間関係という観点からし，その変化と深浅の構造を考えてきたが，その変化をもたらすものは広義には，コミュニケーションであり，狭義には，メッセージであると言えよう。

　古代ギリシャ以来，弁論というコミュニケーションの機能は，(1) 事実の情報を伝える弁論，(2) 説得をする弁論，および，(3) 弁論自体が自己目的となる弁論（儀式，エンターテイメント等）の3つとされてきた。これらの機能を広義に解釈すれば，私たちが今日行なっているコミュニケーションの多くは，これらのうちのどれかに分類されるであろう。また，あるコミュニケーション活動が，これら3つの機能のすべてを部分的に含んでいることもある。大学の教師が教室で行なう講義はおもに (1) に属し，テレビのコマーシャルは (2) の行為であり，カラオケで声を張り上げている人は (3) を行っている。また，通常，会議と呼ばれるものでは，(1)

と (2) が目的であるが，人の集まり自体が自己目的化して (3) の機能を持つこともある。

しかし，今日ではコミュニケーションの機能は，上記 (1)～(3) よりも，はるかに複雑な概念として論じられる。たとえば，バグーンとラフナー (Burgoon & Ruffner) は，コミュニケーションの諸機能のうち3つを取り上げて論じているが，それらは，(A) ゲイニング・コンプライアンス (gaining compliance)，(B) 社会関係の達成，および (C) 矛盾管理 (conflict management) である。(A) は，一般的にいえば，説得のことであるが，古代以来の演説レトリックが経験に基づく説得論だとすれば，これは，比較的新しい，説得（コンプライアンス）の科学的な研究成果に基づくものと言えよう。(B) は，インターパーソナル・アトラクション理論等を用いて人間の社会関係の達成を論じ，その達成の成果を，心理学的あるいは社会心理学的な諸概念を用いて論ずるものである。(C) の矛盾管理とは，個人的，対人的，組織的，さらには，より大きい社会的矛盾——これらは必ずコミュニケーションを伴う——を，コミュニケーションによって管理するという機能である。

上記 (A)～(C) はそれぞれが複雑な機能であり，本章で充分に説明する余裕はないが，機能の一例として，ここでは (C) のうちの，対人レベルの矛盾，のみを見よう。対人レベルの矛盾には，夫婦関係を例にとれば，夫婦の間で買いたいものが異なるといった程度の矛盾から，夫婦関係の危機に至るまで大小の矛盾がある。ここに示されている管理方法は，(a) 矛盾の性質の認識，(b) 冷却（その場を離れたり，しばらく黙ったり，話題を変える）(c) 相手を非難せずに，矛盾の原因を話し合う，(d) 相互の信頼感の回復，(e) 説得，(f) 交渉，最後に，(g) 自分に非があるときは，それを率直に認める。もちろん，これらの方法のひとつあるいは全部を採用しても対人間の矛盾が解決するとは限らない。しかし，矛盾を抱えているふたりがこれらを採用する努力をすれば，これはバグー

ンとラフナーが言っていることではないが、危機を回避しようとする「誠意」だけは、お互いに示すことができるかもしれない。

6. メッセージの機能

コミュニケーションの機能とメッセージの機能は必ずしも同じものではない。図2のコミュニケーション構造のモデルに見たように、メッセージはコミュニケーションの一部でしかない。しかし、上に見たコミュニケーションの機能の重要な部分がメッセージの機能として果たされることも確かである。例えば、先の矛盾管理の(g)はアメリカの古いジョークを思い出させる。それは、ある男がまじめな顔で友人に、「夫婦げんかの解決方法を発見したぞ、『俺が悪かった』と謝りゃいいんだ」と言った、というものである。このジョークは今では面白くもないが、これからわかることは、「俺が悪かった」というメッセージを相手に送ることが人間（この場合は夫婦）関係を変化させる上で大事だ、ということである。文字通り、このメッセージを口に出して言ってもよいし（言語的）、別の形でその気持ちを表わす（非言語的）こともできるであろう。いずれにしても、このメッセージは悪くなった人間関係を良い方向に変化させるためのストラテジーであるといえる。以下に、この「ストラテジー」を説明し、人間関係を変化させるためにメッセージがどのように機能するかを略述する。

7. コミュニケーションのストラテジー

コミュニケーションにおいて、コミュニケーターAとBはメッセージを交わしながらふたりの人間関係を創ってゆく。初対面の時のAの挨拶やその他のメッセージがBに好印象を与えれば、BはAに再度会いたくなるであろう。別れる時に、Bは、「いやあ、いい

お話を伺いました。またゆっくりお話をさせていただきたいので,そのうち私が一席設けますが,いつ頃でしたらお時間をいただけますか」などと言うかもしれない。Aは良い印象を与えようと意図してメッセージを送ったのではないかもしれないが,Bは次回の約束を取りつけるために,自分の提案（一席設ける）と相手がそれを受け入れやすいような配慮（いつ頃なら時間が取れるか）を,かなり意図的に示している。このように,メッセージは意図的,無意図的に関わらず,人間関係を変化させる方略（戦法と戦略——ストラテジー）となる。この意味でメッセージは人間関係を変化させるストラテジーとしての機能をもっている。

　先にも引用したフィッシャーは6種類のコミュニケーションのストラテジーを挙げている。それらを列挙すると, (1) 自己志向, (2) 他者志向, (3) 関係志向, (4) 状況志向, (5) 目標志向, そして (6) 問題志向である。ここで「志向」とは,コミュニケーターの発言（メッセージ）が,自己,他者,関係等々のいずれに「向けられている」か,ということである。例えば,私は,今,「志向」の意味を,読者に,説明しようとしているが,この意味とは, (1)〜(6) で,私が,その言葉に与えた意味である。私の説明（メッセージ）は,実は,読者にではなく,私の頭の中にあるその意味に向けられている。従って,この説明は私自身に向けられている,自己志向型のストラテジーに基づくメッセージであると言える。以下に (1)〜(6) のそれぞれのストラテジーについて述べる。

自己志向型ストラテジー（Self-Directed Strategy）

　このストラテジーの特徴は,コミュニケーターが自分の発言と自分の「内部」とを関係づけようとすることにある。その人間関係上の機能は,自分の発言の解釈を相手に委ねずに,自分で行なうことにある。私たちはコミュニケーションにおいて,多くの場合に,発言に込められた「気持ち」,「想い」等の「心の内」の解釈を相手の

推測にまかせて，人間関係を進めている。しかし，ある場合には，その内部を相手に示して，相手の推測を許さないような人間関係を求めることがある。このひとつのタイプは「言い訳」である。私が行なったり，言ったことを相手が非難すると，私は，「そんなつもりでした（言った）のではなく，私の真意は…」と，私の内部を相手に示して言い訳をする。「まずいとはわかっていたのだが，あの場の雰囲気から，そう言わざるを得なかった」という言い訳も，苦しい内情を説明して，自分の発言の解釈を自分で与えるというこのストラテジーに基づく。もうひとつのタイプの自己志向型ストラテジーは，起こり得るかもしれない相手の誤解を初めから回避しようとする発言である。「思いつきでしゃべって申し訳ないが」とか「あなたの言っていることは良くわかる，わかった上で言わせてもらえば…」等がこのタイプの発言である。このような自分の心の内に関する発言をすることで，相手がするかもしれない誤解（例えば「生半可な知識で発言した」，「理解もせずに反対している」）をあらかじめ避けようとする。

他者志向型ストラテジー（Other-Directed Strategy）

このストラテジーに基づく発言は，自分に対してではなく，相手に対して向けられることが特徴である。この種の発言の機能は，相手に対して競争的，あるいは協力的なことを示すことである。コミュニケーターが相手になにかをさせようとするときには競争的になり，相手のしていることを肯定的に評価するときには協力的になる。このストラテジーは，先にも触れたコンプライアンス・ゲイニング，および，相手の「存在」の承認（および無視），のふたつに大別される。

コンプライアンス・ゲイニングでは，コミュニケーターは相手を説得の対象として見る。テレビ等のコマーシャルは主にこのストラテジーを使う。通常コマーシャルに脅威を感ずることはないが，こ

のストラテジーの典型は「脅迫」である。母親が子供を「いい子にしていないとお小遣いをあげない」と叱っているのは，一種の脅迫であろう。では，「いい子だから静かにしてね」という母親の説得はどうであろうか。穏健な脅迫だとも考えられるが，ここでは，母親は，「静かにしていれば，みんながお前をいい子だと思う」と言っていると考え，母親は子どもの自尊心をくすぐるストラテジーを用いているといえよう。脅迫と自尊心のくすぐりの間に，相手に「貸し」があることをにおわせたり，「おためごかし」を言ったり，相手の道徳心に訴えたりする等のメッセージが，コンプライアンス・ゲイニングに属する。

　コミュニケーターは相手の存在を承認したり，あるいは無視したりするコミュニケーションを行なう。これもコンプライアンス・ゲイニングと同様，他者志向型のストラテジーである。相手を承認しているときは，人は真面目に相手の言語的，非言語的メッセージに対応する。メッセージの内容も言葉もその態度にふさわしいものを使うし，非言語的にも，相手にきちんと向かい合い，うなずいたり，適度に相手を見たり，あいづちをうったりする。相手を無視しようとするコミュニケーターは，逆に，相手との関係を悪くするようなメッセージを，そのような内容，言葉，非言語的シンボルを用いて，相手に送る。沈黙したり，相手から視線をそらしたり，むやみと相手の発言をさえぎったり，生返事をしたり，気のなさそうな同意を示したりする。承認は協力的，無視は競争的なコミュニケーションである場合が多いであろう。

関係志向型ストラテジー (Relation-Directed Strategy)

　あるコミュニケーターが，自分と相手の関係そのものに言及するメッセージを送る場合，そのメッセージを関係志向型ストラテジーと呼ぶ。このストラテジーの機能は，ふたりの人間関係をふたりの間で確認したり，ふたり以外の人間に，自分達の関係を示すことで

ある。人間関係の確認には,「俺とお前の仲じゃないか」,「夫婦とはいえ,こればかりは別だ」などというものがある。教師は「きみ,学生のくせに,あまり俺になれなれしくするな」と言って学生をたしなめることもある。このようなメッセージを送ることで,コミュニケーターふたりは,お互いの間の関係を確認しているのである。命令やそれに服従することを示すメッセージも,また,コミュニケーター間の関係を確認するためのストラテジーである。

関係を他人に誇示するメッセージの代表的なものに,ペア・ルックなるものがある。若い男女が,同じ種類のセーターを着ることで,ふたりの間の親密な関係を他人に示す。大学生のサークルのメンバーは,揃いの「スタジャン」を着ることで,これと同種類のメッセージを送っている。

状況志向型ストラテジー (Situation-Directed Strategy)

このストラテジーの特徴はメッセージが,状況に向けられていることであり,その機能は,コミュニケーターが,状況を容認したり,変更したりする発言をして,自分が状況に対応しようとすることである。例えば,母親は娘のボディコンのファッションを,「時代だから」,「年頃だから」と言って,かろうじて容認するかもしれない。革命家のアジ演説は主に政治状況に向けられ,それを変革しようとするものである。

1993年は不況で,学生は就職活動のために授業への欠席が目立ったが,私は学生に「授業をサボるな」という他者志向型のメッセージを送るよりは,「諸君の勉強の機会を奪っている社会(会社?)は,そのことによって自分の首を締めているようなものである」と,状況志向型のストラテジーを用いて,学生に警告した。これを人間関係の観点からみれば,「サボるな」というメッセージを送って,学生と競争的な関係にはいるよりは,勉強の機会を奪っている社会のことを一緒に考えようとする,協同的な教師―学生関係

を発達させようとしたのである、といえる。

目標志向型ストラテジー（Goal-Directed Strategy）

このストラテジーの特徴は、コミュニケーターが考える望ましい人間関係をつくるために、メッセージが発せられる、ということである。結婚のプロポーズのような、関係の変化に直接的に、かつ意図的に言及するメッセージがこのストラテジーの典型であろう。

問題志向型ストラテジー（Issue-Directed Strategy）

典型的には、会議の参加者はこのストラテジーを多用する。会議では、ある問題をめぐって情報が交わされるのであるが、この問題や情報に向けられたメッセージがこのストラテジーに基づくものである。例えば、あることに賛成する、反対する、質問する、情報を提供する、妥協をする等々である。従ってこのストラテジーの機能は、ある人間関係にある複数のコミュニケーター（ここでは会議参加者）が、共通の問題を理性的に解決するものであると言えよう。

以上、インターパーソナル・コミュニケーションの構造を、一般的に、コミュニケーター、メッセージ、およびコンテキストから成る構造として、またコミュニケーションによる人間関係の変化の構造を、5段階の変化のプロセスおよびソシアル・ペネトレーションのモデルを用いて論じた。さらに、コミュニケーションの機能を、人間関係の変化にメッセージがおよぼす機能としてとらえ、コミュニケーションのメッセージの志向性（ストラテジー）を、自己、他者、関係、状況、目標、問題志向型に分けて説明した。

一般的に言われているように、異文化コミュニケーションに、文化の差異に起因する困難があるとしても、異文化コミュニケーターが行なうべきことは、その困難をのりこえて、自分の文化におけるコミュニケーションと同様に、異文化コミュニケーションにおいても、社会的に（コンテキスト上）有意味な人間関係をつくることで

ある。比喩的な例を挙げれば，この章の読者が，アメリカ人に対して，あるいはアメリカで，'Hello'と'Good-bye'を言語的に，さらには文化的に「正しく」言えるようになっても，それでコミュニケーションができるようになったかどうかはわからない。コミュニケーションのためには，これらの出会いと別れの挨拶に，さらにそれらの間に要求される種々のメッセージを加えて，社会的に有用な，少なくとも，ある特定の局面で必要とされる，人間関係を創造し，発展させ，必要なら解消することができるようにならなければならない。異文化コミュニケーションにおいて重要なことは，文化の差異に基づくコミュニケーション上の困難をあげつらうことではなく，出身文化の異なるコミュニケーターがどのようにして共通のコンテキストと社会的に有意義な人間関係を樹立できるかという問題である。

昔から外国航路の船には，複数の国籍の船員が乗り込み，船内および寄港地で必要とされる仕事をしているということである（大橋）。彼らには共通の言語さえないかもしれないが，仕事上必要な人間関係はつくっていると思われる。それには良い関係もあるし，悪い関係もあるであろう。良い関係が悪くなり，悪い関係が良くなることもあろう。しかし，船員はさまざまに関係を変化させながら，必要とされる仕事をしているにちがいない。ちょうど私たちが自分の社会（文化）でそうしているように。宇宙船地球号という観念は，まさに，これら船員の異文化的人間関係が地球的規模に拡大されて，かつ私達が自分の社会で行っているコミュニケーションの機能を地球的規模で果たすことのできる時代および社会の観念である。

（平井一弘）

参考文献

Burgoon, Michael & Michael Ruffner. *Human Communication*. New York: Holt, Rinehart and Winston, 1978.

DeVito, Joseph A. *Human Communication: The Basic Course*. 4th ed. New York: Harper & Row, Publishers, 1988.

Fisher, B. Aubery. *Interpersonal Communication: Pragmatics of Human Relationships*. New York: Random House, 1987.

Gudykunst, William B. (ed.). *Communication in Japan and the United States*. State University of New York Press, 1993.

Gudykunst, William B. & Stella Ting-Toomey. *Culture and Interpesonal Communication*. Newbury Park: Sage Publications, 1988.

Gudykunst, William B. & Yun Kim (eds.), *Methods for Intercultural Communication Research*, Bevery Hills: Sage Publications, 1984.

Hall, Edward T. *Beyond Culture*, Garden City, New York: Anchor Press/Doubleday, 1977.

Ting-Toomey, Stella & Felipe Korzenny (eds.), *Cross-Cultural Interpersonal Communication*, Newbury Park: Sage Publications. 1991.

大橋信夫「混乗船について」, 星野命編『異文化間関係学の現在』pp.72-82, 金子書房, 1992.

平井一弘「コミュニケーションのレベルとその理論的特徴」, 橋本満弘, 石井敏編著『コミュニケーション論入門』第4章, 桐原書店, 1993.

マクウエール, D./ S. ウィンダール (山中正剛, 黒田勇訳)『コミュニケーション・モデルズ マス・コミ研究のために』, 松頼社, 1986.

3 ことばの含み
―― 表の意味,裏の意味

1. はじめに

　入学試験の監督をしていて,気を使うことのひとつは,受験生にとって,室温が高過ぎはしないかということである。えり元を手で引っ張って,空気を送り込んでいる学生の姿でも見ようものなら,そっと近づいて,そばの窓を細めに開けることとなる。逆に,自分が暑い思いをしていても,場面によっては,あからさまに,次の例文 (1b) のように要求をすることがはばかられる場合がある。寒がりの上役が,閉まった窓の側に陣どっている時が,それである。そういう場合には,それとなく例文 (1a) のように言う方が望ましいであろう。[1]

(1) a.　ここすこし暑くないでしょうか。

　　　　(Isn't it a little warm in here!)

　　　　換気がわるいと思いませんか。
　　　　(Doesn't anyone else find it stuffy?)

　　b.　窓を開けて良いですか。
　　　　(May I open the window?)

　例文 (1a) がもつ,言葉の文字通りの意味は,「言内の意味」と呼ばれる。例文 (1a) が暗示する意味が (1b) で,「言外の意味」

と呼ばれる。「言外の意味」には，言語のプラグマティックな側面が関わる。プラグマティクス(語用論)の研究が本格的に行われるようになったのは，1970年代に入ってからである。ここでいうプラグマティクスが目的とすることは，言語を言語使用の観点から研究し，文法も考えながら，人の言語使用能力の解明をすることを通して，社会あるいはスピーチ・コミュニティの一員としての人間の特質を追求することにある。このプラグマティクスが扱う領域の中核をなすのが，「言外の意味」と，「発話行為」である。発話行為(speech act)の基本をなしているのは，「ものを言う」ことによって，「(ある目的にかなう)行為をする」という考え方である。例えば，例文(2)を言うことで，「謝罪行為」をする場合が，それである。

(2) I apologize.

本稿では，我々の日々の生活に密接な関係のある「言外の意味」と「発話行為」について考え，さらに両者が深く関わる「社会行動としての婉曲語法」について，興味深い経験的な資料をもとにして，考えてみたいと思う。本章を通してふれていくのは，最近とみに関心を集めているプラグマティクスの世界である。2では，「言外の意味」と「発話行為理論」，そして「婉曲語法」について述べる。3では，ニクソン・テープの英語に見られる社会行動としての婉曲語法について述べる。4は，ディスカッションと結論である。

2. ことばのつかい方とその作用

このセクションでは，婉曲語法の経験的な資料をプラグマティクスの観点から分析する際に，密接に関わる概念である「言外の意味」と「発話行為理論」についてまず述べる。つづいて，両者と密接に関係する「婉曲語法」について述べることにする。

言外の意味

我々は日常生活で，あからさまに要求するよりも，暗示したり，間接的に要求する方がふさわしい場面によく出くわす。次の例文(3)と(4)も，そのような場面である。

(3) a. 腹ペコだ。夕飯は何？
    (I'm starving. What's for dinner?)

   b. すぐ夕食を出してくれ。
    (Serve dinner at once.)

(4) a. 誰か郵便局へ行きますか。
    (Is anyone going to the post office?)

   b. 手紙を出して下さい。
    (Please post these letters for me.)

上記の例文 (3 a, 4 a) のもつ文字通りの意味が，「言内の意味」である。他方，これら a 文のもつ「言外の意味」が，それぞれ対応する b 文 (3 b, 4 b) の意味となる。すなわち，「言外の意味」とは，例えば，上記の a 文が，固有の言内の意味としてはもっていないはずの意味のことである。b 文に見られるような言外の意味には，言語のプラグマティック（語用論的）な側面が関わると考えられている。a 文のような「言外の意味を担う表現」とは，それとはっきり言わない表現のことである。このような表現には，丁寧な表現，ほのめかしやアイロニーなどを含む間接的な表現，メタファーをはじめとするいろいろな修辞的表現などが含まれる。

言葉づかいは，様々な場面や，話し相手との関係や，話題などによって変化する。話す相手，話題，行動，場所，媒体，感情などが変われば，話すスタイルも変わることになる。例文(3 a, 4 a)のような間接的な表現形式も，場面に応じて，適切に選ぶことが望まし

く，このような能力は，言語的気転 (linguistic tact) と呼ばれる。

言外の意味は，「会話の含意」とも呼ばれる。ここで問題となるのは，「言外の意味が存在するかどうか」ということよりは，むしろ，「言外の意味がどういう場合に生ずるか」，また，「言外の意味は規則的な形で計算可能であるか」，ということである。グライス (H. P. Grice) は，計算が可能であることを示している。そして，今まで前提とされてきたものを，言語慣習的含意 (conventional implicature) と会話の含意とに分けて考える。前者は，言語形式に固有の含意であり，後者は，談話文脈 (discourse context) と協調の原則によって決まるとしている。

ここで，グライス (1975) の協調の原則 (cooperative principle) について述べておく。協調の原則は，次の4つの前提 (maxim) からなる。

（i）伝えられる情報が適切であること (relation)，
（ii）充分な情報を伝えるが，余計なことを言わないこと (quantity)，
（iii）根拠のある真実を伝えること (quality)，
（iv）情報は順序よく，簡潔明瞭に伝えること (manner)。

グライスは，話し手が会話の含意を使うことによって，明らかに意図的に協調の原則に違反していると思われるときに，どのような解釈をすべきかを考える。例えば，発話に皮肉，メタファー，誇張などが含まれ，真実が語られないときが，それである。グライスは，そういう場合には，文字通りに解釈するのではなく，コンテクスト (context) や量において，関連性 (i) や様式 (iv) の前提から逸脱する条件について，充分な分析をする必要があると説いている。

いずれかの前提に一見違反しているように思われる場合でも，協調の原則は，依然として守られている。それならば相手の意図は何か，推論を重ねてゆくのが，メタファーなどの解釈のやり方である。

ここで注意すべきことは，言外の意味が，唯一ではなく，文脈によっては，取り消しが可能なことである。

グライスの会話の含意の概念は，意味論と語用論の中間にある多くの重要な問題を考えるのにも役立つものである。

(発話行為理論)

発話行為という概念の中心にあるのは,「ものを言う」ことによって,「(ある種の)仕事をする」という考え方,あるいは,「(ある目的にかなう)行為をする」という考え方である。発話行為のうち，ものを言ったその瞬間にある行為が成立したり，事態が変化するものは，発語内行為(illocutionary act)と呼ばれる。例として教会で牧師さんが,「I marry you.」と言うことで,「結婚の儀」を行う場合が挙げられる。他方，事態の変化は，ものを言ってからしばらくしてから生ずることもあり，このような発話行為は，発語媒介行為(perlocutionary act)と呼ばれ，発語内行為とは区別されている。例として，おどしや説得が挙げられる。(レビンソン C. S. Levinson, 1983)

発話行為理論の分野での研究は，1970年代初頭より，オースティン(Austin, 1962)に始まり，グライス(1975)，サール(Searle, 1969)らによる哲学的な考察を基盤としている。

グライスの協調の原則および前提を上記の(i)から(iv)で紹介した。グライスを中心とする発話理論の基本的な考え方や目標について，さらに以下に簡単に述べることにする。発話理論における言語の単位は，広い範囲での発話行為(speech act)である。すなわち，発話行為のタイプをマスターするということは，それぞれのタイプの発話行為に含まれる目的，手段，役割，生成を決定するのに必要な一連の規則を内在化することである。

発話行為が基盤としている規則は，前述した，グライスの協調の原則である。この原則の前提に，「丁寧である」(be polite)をつけ

加えると，さらに良いと思われる。

　グライスの原則の意味は，発話に参加する者はかならずいくつかの共通の目的，あるいは少なくとも互いに受け入れられる方向づけを認識しているということである。この原則はまた，話し手に発話行為を通してある目的に向かって適切な貢献をするよう，し向けることも意味している。さらに，この原則は，話し手が守らなければならないものであると同時に，聞き手が話し手に対して持つ期待ともなっている。

　この発話行為理論のアプローチは，言語による発話を，文としてだけでなく，社会的行動の特有な形式として考えてきた。すなわち，文がある特有のコンテクストで用いられたとき，それらの文には，ある付加的な意味あるいは発語内行為，発語媒介行為の機能が与えられ，それらは，話し手の意図，信条，評価，話し手/聞き手の関係によって定義される。このように，コンテクストの体系的な特性が説明されるだけでなく，抽象的な言語的対象と発話としての発話間の関係と，社会的な相互行為として解釈される発話が証明されることになるのである。

　この発話行為理論は，本稿の後の方で紹介するウォーターゲート(Watergate)事件からの経験的資料を分析するために，非常に役立つ理論である。このアプローチは，言語の理論的な要素に語用論的な方向づけを与えた点において，言語使用とその機能を研究する社会言語学的研究にも新しい次元をもたらしている。

（婉曲語法）

　婉曲語法(euphemism)とは，言いにくいことを，間接的に遠回しに表現する言い方のことである。euphemismとは，ギリシャ語のeu(よい)とpheme(ことば，言い方)からできており，聞いて心地のよいことばや言い方を意味する。すなわち，婉曲語法とは，あからさまで気分を損なうことばのかわりに，さりげない，気持ちよ

くさせることばを使うことであり，きれいなことばで真実を覆い隠すレトリックのことを指すといえる。

O. E. D. 第二版では，euphemism の初出は，1656年とされ，次のように定義されている。

Euphemism:
That figure of speech which consists in the substitution of a word or expression of comparatively favourable implication or less unpleasant associations, instead of the harsher or more offensive one that would more precisely designate what is intended.

従来，婉曲語法は，性や排泄，身体部位に関係した事柄であった。しかし，最近では，政治，経済，軍事，権力，職業，地位，階層，人種などに関係したことがらにもおよんでいる。例えば，ベトナム戦争(Vietnam War)は，戦争ではなく紛争(conflict)，つまりベトナム紛争(Vietnam Conflict)と呼ばれる。また，米国が行ったグラナダ(Grenada)への侵略は，救済作戦(rescue operation; rescue mission)と呼ばれている。

ルッツ (W. Lutz, 1989) は，婉曲語法を2種類に分けて考える。ひとつは，相手の気持ちを気づかって，あからさまに言わない場合である。例文 (5 b) のように dead という代わりに，例文 (5 a) のように passing away というのが，その例である。

(5) a. Please accept my condolences on your father's passing away.
   (お父さまのご逝去，お悔やみ申し上げます。)

   b. It's too bad that your father is dead.
   (お父さん亡くなって，残念だね。)

婉曲語法の種類のふたつ目は，人を欺き，現実を隠すために使わ

れる場合で,ルッツはこれを「ダブルスピーク」(doublespeak 二重表現)と呼んでいる。例えば,1984年に米国国務省は,今後,年報の中でいろいろな国での人権について報告する場合に,「殺害」のことを (6 a) のように言うことにし,(6 b)のようには言わないことにすると述べている。

(6) a. unlawful or arbitrary deprivation of life
    b. killing

このように言い換える目的はどこにあるかというと,聞き手に現実を直視させないためである。米国が支持している国の政府の許可のもとに行われた殺害について報告することは,米国にとって,いかにも格好の悪いことである。このような気まずさを隠すために,(6 b)のようなあからさまな表現は避けて報告するという訳である。

ある表現が二重表現かどうかを調べたい時には,例文(7)のような質問に答えてみると良い,とルッツは勧めている。

(7) Who is saying what to whom, under what conditions and circumstances, with what intent, and with what results?

米国では,政府関係者が,1960年代,1970年代に報道機関を通じて,婉曲語法をしきりに使った。特に1970年代は,ウォーターゲート (Watergate) 事件が起きた時代であり,次のセクションで扱う資料が示す通りである。この事件の関係者は,婉曲語法を沢山使い,一般大衆を欺いた。それがきっかけとなって,その後米国で婉曲語法の研究の必要性が説かれ,研究がさかんに行なわれるのである。

婉曲語法は,視点を変えて見れば,ごまかしのことば,事実を歪曲する態度を表わすもので,この点が問題なのである。次のセクションでは,このような社会行動としての婉曲語法を分析の領域と

して取り扱うことにする。

3. ニクソン・テープの英語と
社会行動としての婉曲語法

このセクションでは、経験的な資料である、ニクソン・テープを書きおこしたタイプスクリプト(transcript)を取り挙げる。これは前述したように、米国で婉曲語法の研究が盛んになるきっかけを作った貴重な資料である。以下で、この資料に見られる社会行動としての婉曲語法を中心に考察したいと思う。婉曲語法には、プラグマティクスの中核をなす研究分野のうち、特に「言外の意味」と「発話行為」が深く関わってくる。

ウォーターゲート事件とニクソン・テープ

ウォーターゲート事件とは、1972年6月17日に、米国のワシントン D.C. にあるウォーターゲート・ビルの民主党本部への侵入者の逮捕を機に、1974年8月8日にニクソン(Richard Milhous Nixon)米国大統領を辞任へ追い込んだ事件である。

事件の経過を簡単に述べると、事件当初ニクソンは、この事件が政府とは無関係であると言明した。ニクソンは、1972年秋の選挙でも圧倒的勝利で再選されたが、ワシントン・ポスト紙の追求で、ニクソン再選委員会や大統領補佐官、さらには大統領自身の容疑が濃厚になった。このなかで政治献金や秘密盗聴などの不法行為も明らかになり、1974年7月に最高裁は、ニクソンに証拠提出を命令した。下院司法委員会が大統領の弾劾訴追を可決して、ニクソンはもみ消しの指示を告白し、辞任を表明したのである。

ウォーターゲート事件のテープは、ニクソン・テープとも呼ばれる。下院司法委員会は、1974年2月25日にホワイト・ハウスに対し、ニクソンが彼の行政部の人々と交わした42回にわたる会話を

録音したテープを提出するよう正式に要請している。ニクソンはホワイト・ハウス内に秘密電子装置を設置して，執務室や電話で交わされる会話のうち，重要と思われるものを録音していたのである。これらのテープは，のちに事件に関するその証拠性を巡って論議の焦点となる。

分析対象とするデータ

データとして，1973年3月21日にホワイト・ハウス内の大統領執務室(Oval Room)で収録されたテープのタイプスクリプト(テープを書きおこしたもの)を使用する。このテープは，1時間43分(10：12 - 11：55)にわたって録音されている。

また，このテープは，ふたつの部分に分けられる。まずニクソンにディーン(John W. Dean, III)がウォーターゲート事件の全容を説明する部分がひとつ。もうひとつは，のちにホールドマン (H. R. Haldeman)が呼ばれて，ふたりの話に加わり，善後策を練る部分である。ディーンもホールドマンも当時ニクソンの側近であり，ディーンは大統領の法律顧問(Counsel to President Nixon)であった。

この時の会話は，ウォーターゲート事件の年譜において重要な証拠になるものである。というのは，ニクソンの主張によれば，ニクソンはこの時はじめて，この事件に関して非難されるべき点について知らされ，事件の全容の調査を命じることになるからである。

このテープのタイプスクリプトには，"We Have a Cancer"という見出しが付けられている。これはディーンのことば，"We have a cancer within"からとられたものである。

このcancer(がん)ということばは，次の(8)に見られるように，言外の意味のなかのメタファーとして使われている。すなわち，「がん」(cancer)は，ニクソン政権の危機を象徴するものである。事件は，大統領の「身内」(within; close to the Presidency)の行

為に端を発している。この事件の展開とともに，ニクソン政権の危機は増大(growing)する。しかもこの危機は日増しに大きくなり(growing daily)，放っておいても幾何学的に(geometrically)，混じり合って，合成物のようになっていく(compounds itself)のである。

危険が この「がん」のように増殖していく訳は，第1に，事件関係者から，弁護士料その他の名目で恐喝される(black-mailed)からである。第2に，偽証しなくても済む人たちまでが，他の事件関係者を守るつもりで，偽証(perjure)し始めそうな状況だからである。このようなありさまでは，(ニクソン政権自体に)危険が及ばないとは，誰も保証できない (no assurance) ——とディーンは，事件の展開の深刻な状況を，ニクソンに訴えるのである。

(8) D [ean]: I think that there is no doubt about the seriousness of the problem we've got. We have a cancer within, close to the Presidency, that is growing. It is growing daily. It's compounded geometrically now, because it compounds itself. That will be clear if I, you know, explain some of the details of why it is. Basically, it is because (1) we are being black-blackmailed; (2) People are going to start perjuring themselves very quickly that have not had to perjure themselves to protect other people in the line. And there is no assurance—

この時の会話のなかでディーンはニクソンに，ウォーターゲート・ビル侵入がどのように行われ，誰が誰に侵入するようにしむけたかについて語る。

D [ean]: So let me give you the sort of basic facts. ... First of all on the Watergate: how did it all start, where did it start?

3 ことばの含み

> OK! It started with an instruction from Bob Haldeman to see if we couldn't set up a perfectly legitimate campaign intelligence operation over at the Re-Election Committee.

これによれば,ホールドマンがディーンに対して,ウォーターゲート・ビル内にある民主党本部内での情報収集活動の話を持ちかけている。この活動は,合法的な情報収集活動 (perfectly legitimate intelligence operation) の形を取るはずであった。

さらに,事件のもみ消し,ハント(Hunt)への口止め料の支払い,ディーンも刑務所に送られる可能性のあること,そして,ホールドマンも加わり,情報収集活動を行った口実に,国家安全保障 (National Security) を使うことなどが話し合われる。

H [aldeman]: But what I was going to say—
P [resident]: ... How you keep it out, I don't know. You can't keep it out if Hunt talks. ...
D [ean]: You might put it on a national security grounds basis.
H [aldeman]: It absolutely was.
D [ean]: And say that this was —
H [aldeman]: (unintelligible) — CIA —
D [ean]: Ah —
H [aldeman]: Seriously,
P [resident]: National Security. We had to get information for national security grounds.

分析結果

このタイプスクリプトのなかで目立つ婉曲語法には,日常語の意味がすり変えられて使われる例もあるし,専門用語も含まれる。い

ずれも仲間うちの会話で使われ、しかも事件で重要な意味あいをもつことばをあからさまに言わないために、使われている。

婉曲語法の例のひとつとして、intelligence-gathering operation が挙げられる。これは、intelligence operation や、次に見られるように operation のかたちで使われる場合もある。この表現は、元来は情報収集作戦のことを示す専門用語であるが、ここでは、「政敵である民主党本部に不法に侵入したり、秘密盗聴すること」を指す。

米国連邦捜査局（略称 FBI）で情報収集に従事した経験のあるリディー(Gordon Liddy)は、ディーンらから民主党に関する情報の収集を頼まれ、のちに逮捕されることになる。その彼が最初に考えた作戦は、ディーンのことばにも見られるように、すべて暗号(codes)で書かれており、誘拐(kidnapping)、秘密情報収集活動(black bag operations)、盗聴(bugging)、強盗(mugging)、その他の不正な作戦を含む、信じがたいものであった。

> D [ean]: ... So I came over and Liddy laid out a million dollar plan that was the most incredible thing I have ever laid my eyes on: all in codes, and involved black bag operations, kidnapping, providing prostitutes to weaken the opposition, bugging, mugging teams.

リディーは、デイーンらに最初の作戦を受け入れてもらえず、その後ハントらとともに作戦を何度か練り直す。その結果、民主党本部への不法侵入と秘密盗聴が実行され、それが発覚するのである。

婉曲語法のふたつ目の例は、scenario である。このことばも専門用語で、普通は、劇などで使われるような意味のシナリオを指す。しかし、タイプスクリプトでは、「危機をはらんだ偽装工作のこと」を意味する。

そしてここでは、ポーター (Porter) らが大陪審 (the Grand

Jury)に出頭して証言するさいに、口裏を合わせて偽証するが、その話の中身を指している。リディーは法律顧問(Counsel)として雇われており、そのリディーを信用して正当な目的のために仕事(legitimate intelligence)をしたつもりであって、民主党本部(the DNC)を秘密盗聴する(bug)ことは知らなかったというのがその筋書き(scenario)である。

  D [ean]: He [Porter] is one of Magruder's deputies. They set up this scenario which they ran by me.
  P [resident]: What did they say in the Grand Jury?
  D [ean]: They said, as they said before the trial in the Grand Jury, that Liddy had come over as Counsel and we knew he had these capacities to do legitimate intelligence. We had no idea what he was doing. ... We had no knowledge that he was going to bug the DNC.
  P [resident]: The point is, that is not true?
  D [ean]: That's right.

婉曲語法の3つ目の例として、to puff が挙げられる。to puff の本来の意味は、「ちり、煙などをぷっと吹く」という意味の日常語である。

しかし、タイプスクリプトでは、「ほめたてる、お世辞をいう」という意味で使われている。リディーの信じ難いような作戦を聞いたときのミッチェル(Mitchell)の様子にもこのことが示されている。ミッチェルは、仕事仲間を批判したくないので、笑って、お世辞を言って、自分の本心を見せないのである。

  P [resident]: Tell me this; Did Mitchell go along?
  D [ean]: No, no, not at all, Mitchell just sat there puffing and

> laughing. I could tell from – after Liddy left the office I said that is the most incredible thing I have ever seen. He said I agree. ... He [Mitchell] is a nice person and doesn't like to have to say no when he is talking with people he is going to have to work with.

婉曲語法の4つ目の例は，ギャングの専門用語である to wash money である。今回の分析の対象にしていない他のタイプスクリプトでは to launder が代わりに使われている。どちらも本来は，「洗濯する」ことを意味する。

しかしタイプスクリプトでは，「不正融資者をおおい隠す」という意味で使われている。このことばは，1990年秋頃，日本語にも取り入れられ，「資金洗浄」という訳語がつけられている。

逮捕された人々から弁護料などに必要だからとしてお金をゆすられる(blackmail)。しかし，お金を工面することだけでなく，不正融資をとりつくろうことも，マフィアのような犯罪のプロとはちがい，慣れない者には難しい。ここでは，washing money がさらに getting clean money で言い替えられている。「資金洗浄」をすることは，正義妨害罪（obstruction of justice）に問われる危険を増すことにもなる。

> D [ean]: ...So where are the soft spots on this? Well, first of all, there is the problem of the continued blackmail which will not only go on now, but it will go on while these people are in prison, and it will compound the obstruction of justice situation. It will cost money. It is dangerous. People around here are not pros at this sort of thing. This is the sort of thing Mafia people can do:

3 ことばの含み

washing money, getting clean money, and things like that.

婉曲語法の5つ目の例は，to stonewall，あるいは to run a kind of stone wall である。to stonewall は，本来「石壁を建てる」ことを意味する。しかし，タイプスクリプトでは，「正義を妨害する；正当な権威者に対してさえ，協力することをきっぱりと断る」ことの意味に使われている。婉曲語法としての使い方のうち，後者の使い方は，その起源をオーストラリアの政界のスラングにもつといわれる専門用語である。

法務省は，被告人との間で司法取引をしようとする。すなわち，被告人を大陪審に出頭させて，事実をしゃべることと交換に，罪を無効(immunize)にしようとする。しかし，大陪審に出頭した，事件の関係者たちは，偽証をすることにより，裁判で真実が明かにされるのを妨害しているのである。

D [ean]：...But also when these people go back before the Grand Jury here, they are going to pull all these criminal defendants back before the Grand Jury and immunize them.

P [resident]: Who will do this?

D [ean]: The U. S. Attorney's Office will.

P [resident]: To do what?

D [ean]: To let them talk about anything further they want to talk about.

P [resident]: But what do they gain out of it?

D [ean]: Nothing.

P [resident]: To hell with it!

D [ean]: They're going to stonewall it, as it now stands.

婉曲語法の6つ目の例は，containment である。これは，本来は，政治用語で，「対立国の力やイデオロギーの拡大を防止する政策」，「封じ込め」を意味する。

　しかし，タイプスクリプトでは，cover story の意味で使われている。すなわち，スパイ用語で，「人を欺いて，うそをつき，真実を覆いかくす」ことを意味する。選挙民(electorate)に知られては困るので，さらに真実が外にもれるのを押さえよう(containment; hold it right where it was)としているのである。

D [ean]: ...I was under pretty clear instructions not to investigate this, but this could have been disastrous on the electorate if all hell had broken loose. I worked on a theory of containment —

P [resident]: Sure.

D [ean]: To try to hold it right where it was.

4. ディスカッションと結論

　本稿では，プラグマティクスの世界の面白みにふれてみるために，その中核概念である「言外の意味」と「発話行為理論」について述べた。そして「婉曲語法」について調べた。さらに，経験的資料である，ニクソン・テープの英語に見られる，社会行動としての婉曲語法を分析してみた。

　データの分析結果を調べて見ると，どの婉曲語法も言外の意味を持っていることは，明らかである。to puff に見られるように，日常語の意味がすり替えられて使われている場合がある。また，operation, scenario, to wash money, to stonewall や containment に見られるように，専門用語が使われている場合もある。

また，これらの婉曲語法は，前述した「発語媒介行為」に分類できると考えられる。すなわち，事態の変化が，ものを言ってしばらくしてから生ずることがある発話行為の特徴を示している。

　さらに，データに見られる社会行動としての婉曲語法は，どれも，「社会をあざむく状況を作り出すような，政治的目標を持った，政治関係者の行為」を示していると考えられる。すなわちウォーターゲート事件の現実を，大陪審や一般大衆から隠ぺいすることで，人々をあざむくという，政治的目的を達成するために，婉曲語法は使われている。つまり，前述したルッツ(1989)のいう「二重表現」に分類される婉曲語法の特徴を示している。しかも，これらの婉曲語法は，ウォーターゲート事件解明に，重要な意味を持つ言葉として使われているのである。それらの行為の結果は，ともに，言ってからすぐ生ずるとは限らないものである。

　発話の機能の決定は，発話事象の性格に関する見込み枠と，参与者の社会的役割に関する知識によって行われる(レビンソン，1983)。「盗聴事件隠ぺい」という発話事象(speech event)に参与するニクソンと側近や関係者の役割を考慮すると，本稿の分析結果が示す婉曲語法の機能は，表われて当然のものと言える。

　オースチンやサールの発話理論は，「文レベル」のものであった。しかし，本稿のデータの分析結果は，「文とは限らない最小のコミュニケーション単位」が，社会的婉曲語法の機能を，発話行為の観点から分析する際に役に立つことを示していると言える。

　また，本稿の分析結果は，プラグマティクスとは何かを考える際に，言語を言語使用の観点から研究し，言語使用能力の解明を通して，社会的動物としての人間の特質を追求することを，その目標に入れる必要のあることも示していると思われる。　　(小田三千子)

　(注1)例文(1a)(3)(4)は，H.小竹(1982)に，(5a)はケス(J. F. Kess, 1994，個人談話)によるものである。

参考文献

Austin, J. L. *How To Do Things With Words*. Second Edition. Oxford & New York: Oxford University Press, 1975.

Grice, H. P. "Logic and Conversation." In *Syntax and Semantics,* Volume 3, *Speech Acts*, 1975. Edited by P. Cole & J.L. Morgan. New York: Academic Press, pp. 41-58.

Gumperz, J.J. & D. Hymes, eds. *Directions in Sociolinguistics: The Ethnography of Communication*. New York： Basil Blackwell, 1972, 1986.

本名信行『文化を超えた伝え合い： コミュニケーションとことば』開成出版, 1993.

Hook, G.D. *Language and Politics: The Security Discourse in JAPAN and the UNITED STATES.* くろしお出版，1986.

International Pragmatics Association. *Pragmatics*, 3.1. March, 1993.

Levinson, C.S. *Pragmatics*. London: Cambridge U.P, 1983. および安井・奥田訳『英語語用論』研究社, 1990.

Lutz, W. *Doublespeak*. New York: Harper-Collins, 1989.

Morris, William & Mary. *Dictionary of Contemporary Usage*. Second Edition. New York： Harper & Row, 1985.

Neaman, J.S. & C.G. Silver. *Kind Words: A Thesaurus of Euphemisms*. New York: Facts On File, 1983, 1990. および 本名・鈴木訳『英米タブー表現辞典』大修館書店, 1987.

Oda, M. "Euphemism as a Social Behavior." 『東北学院大学論集』(人間・言語・情報), 99, 1991.および論説資料保存会.『英語学論説資料』25.4, 1993.

大塚高信・中島文雄監修『新英語学辞典』研究社,1982.

Searle, J.R. *Speech Acts: An Essay in the Philosophy of Lan-*

guage. Cambridge: Cambridge U.P., 1969.

津田葵「社会言語学」英語学大系 6.『英語学の関連分野』大修館書店, 1989, pp.363-497.

安井稔『言外の意味』研究社,1978.

4 会話のなりたち
―― 意図をどう伝えるか

　気の合う仲間との会話は楽しい。その反対に，お互いに理解しあえない人と話をするのは苦痛である。会話分析は話し手の意図が会話の中で相手にどのように伝わるのかを明らかにしようとする。会話分析の理論を知ると，私たちの日常の会話のしくみもわかりやすくなる。

　日本人と欧米人との間の誤解の原因は，日本人が自分の主張を欧米人ほど言語によって明確にせず，相手に自分の意図を察してもらおうとする点にあるとしばしば言われる。会話分析の理論において，このような間接的な表現はどのように説明されるのだろうか。会話分析の理論において重要な位置をしめる間接表現を中心に会話のなりたちを考えてみよう。

1. ブラウンとレビンソンによる丁寧表現の分析

　人は日常の会話においてさまざまな理由から間接的な表現を用いる。言語哲学者達は間接表現に対して種々の説明を試みてきた。サールやグライスは，間接発話行為や会話の含意の理論によって会話に特有の間接表現の原理が存在することを指摘した。

　丁寧表現は一種の間接表現と考えられる。ブラウンとレビンソン (Brown and Levinson, 1987) の丁寧表現の理論は 社会学者のE．ゴフマンのフェイスの理論をとりいれ，人がなぜ間接表現を用

いるのかを解き明かそうとする。フェイスはメンツまたは体面を意味し，対人関係において原則的に，お互いに尊重されている。しかし，自分のフェイスが脅かされると人は自分を守ろうとし，自分を守ろうとすると他人のフェイスを脅かすことになる。フェイスを脅かすような行動は Face Threatening Act (FTA) と呼ばれる。人から理解され好かれ称賛された時，その人のフェイスは充分に保たれるが，外交的なあいさつや儀礼的なしぐさによって示された敬意は単に形式的な相手の尊重であり，フェイスは部分的にしか満足されない。このような2種類のフェイスを，ブラウンとレビンソンは次のように呼んでいる。

ネガティブフェイス：自分の行動を他人に邪魔されたくないという'通常の能力を持つ社会人'の欲求
ポジティブフェイス：少なくとも誰かは自分の望んでいることと同じことを望んで欲しい思う気持ち
(ブラウンとレビンソン Brown and Levinson 1987)

ネガティブフェイスは儀礼的あいさつなどによって部分的に保たれるようなフェイスを，ポジティブフェイスは親しさや理解によって満足されるフェイスを意味している。前者は相手を侵害しないような配慮によって保たれ，後者は相手に近づき親しさを示す態度によって満足されるといえる。

ブラウンとレビンソンはこの2種類のフェイスの区別に従い，丁寧表現をネガティブポライトネスとポジティブポライトネスとに分類する。相手のネガティブフェイスを保つようなあらたまった表現や，決まった社会儀礼はネガティブポライトネスに属する。それに対し，対人関係において「同意され，理解され，承認され，好かれ，称賛されたい（ブラウンとレビンソン：62）」と望んでいる相手のポジティブフェイスを満足させるような表現をポジティブポライトネスと呼んでいる。

社会生活においてすべての人の利害が一致することはまれであり，会話における話し手（S）と聞き手（H）はどの程度FTAを明らかにするかを考え，自分の要求と相手への配慮とをはかりにかけて相手と接している。FTAの対象は，話し手にとってのFTAである場合も，聞き手にとってFTAである場合もある。相手のフェイスを配慮した結果，それらが間接的に表現された時，ネガティブポライトネスあるいは，ポジティブポライトネスの丁寧表現が用いられる。

　どの程度の丁寧表現がどのように用いられるかはFTAの種類によって変わる。相手に100円借りる時に比べ，10,000円借りる時では当然借りる側の精神的負担は大きく，それがFTAの違いとなってあらわれる。ブラウンとレビンソンはFTAの度合いを左右するのは，社会的要因であると考え，次のように分類した。

（ⅰ）SとHの社会的距離（D）（対称関係）
（ⅱ）SとHの相対的権力（P）（非対称関係）
（ⅲ）文化によって異なる押しつけがましさの程度（R）

(ブラウンとレビンソン 1987)

彼等によると，社会的距離DはSとHの対称的な関係を示し，その関係が近ければ近いほど，ポジティフェイスのやりとりが多くなる。親しい友達であれば，「おまえ，ばかだなー」という表現は親しみの表現と解釈されるだろう。相対的権力PはSとHの非対称的な関係を示し，その関係は敬意という形で表わされることが多い。上司が突然用事を言いつけたときでも，部下は相手によっては断ることができず，「お急ぎですか」などという間接表現をとる。Rは文化特有のFTAの強さに対する尺度を示す。たとえば，混んだバスに乗ろうとするとき，日本であれば朝のラッシュ時にはいちいち「失礼」などと言っていられないが，個人の空間が尊重される文化では，少し体がふれても「エクスキューズミー」という表現が期待

されるだろう。

　上に述べてきた丁寧表現の理論は狭い意味の丁寧な表現の理論ではなく，社会における人間関係に基づく会話の理論であるといえる。自分の意思を伝えながら相手とうまくやっていくためには，相手の独立を尊重するネガティブポライトネス，あるいは相手の人格を認めるポジティブポライトネスなどの丁寧表現が大切である。次に述べるデボラ・タネンは，対人コミュニケーションにおける間接表現を会話のスタイルの理論として展開している。

2. 会話のスタイル

　デボラ・タネンは，彼女の会話のスタイルの理論と丁寧表現の理論との関係を，タネン（Tannen, 1984）の序文において明らかにしている。彼女の会話のスタイルの理論は，特にR.レイコフの丁寧表現に関するコミュニケーション・スタイルの理論の影響を強く受けている。次にあげるレイコフの丁寧表現の規則はタネンの会話のスタイルの理論の基礎となっている。

　(1) 押しつけがましくしてはいけない。　（距離）
　(2) 選択権を与えること。　　　　　　　（敬意）
　(3) 親しみを示すこと。　　　　　　　　（仲間意識）

　　　　　　　　　　　　　　　　（タネン Tannen 1984）

　レイコフによると会話の中では，上にあげた3つの丁寧表現のどれかの規則が使われる。そして，どの規則が選ばれるかによってその会話のスタイルが決定される。規則1を選ぶと，相手との距離を保とうとするのであらたまった話し方や，相手に押しつけをしない間接的な言い方になったりする。たとえば，訪問先で「なにか飲み物はいかがですか」と聞かれた時に，「はい，有難うございます」などと一般的な答えとなる。規則2の敬意は，自分で決断をせずに

相手にまかせる態度をとったり，躊躇をする態度を表わす。飲み物をすすめられたときに，「あなたと同じでけっこうです」とか「おかまいなく」などという表現となって現われる。規則 3 は，親しさの表現である。友達の家に行って勝手に冷蔵庫を開け自分で好きな飲み物を探すような態度を指している。

　言語哲学者グライスは人々が理解し合えるのは，会話の協調の原理に基づいて真実を述べようとし，必要な情報を過不足なく提供しようとしているからであると主張した。この協調の原理と，レイコフの丁寧表現の規則に示される間接表現とはどのような関係にあるのだろうか。タネンはグライスの協調の原理は明瞭性の規則であり，会話のメッセージが大切である時に適用されると説明している。それに対し，対人関係が重要視される時には，丁寧表現の規則が優先されるのである。メッセージを重要視するか，対人関係を重要視するかの選択は，どちらかを選ぶというような性質のものではなく，メッセージの内容を重要視する態度と，メッセージによって伝えられる対人関係のバランスの問題なのである。実際のコミュニケーションにおいて，グライスの協調の原理が示すような完全な明確さは存在しないとレイコフやタネンは主張する。言い換えれば，対人コミュニケーションに間接表現はつきものであるという主張である。

　タネンはさらに間接表現が持つふたつの機能，防御と調和的な関係が会話のスタイルに重要な意味を持つと指摘する。たとえば，相手に依頼をする時には，自分の要求をあからさまには言わないようにする。聞き手の側は，要求があからさまにされない時には，その要求を好まない場合，はっきりと拒絶の意志表示をしないですむ。このように間接表現は双方にとって防御の機能を果たすのである。別の見方をすれば，話し手と聞き手がはっきり言わないでもお互いに理解できるという点では，このような間接表現は調和的な関係をもたらす働きがあるといえる。つまり，ひとつの間接表現が 2 通り

に解釈できるのである。この間接表現のあいまい性がコミュニケーション上の誤解の原因ともなる。

　タネンは間接表現のふたつの相反する機能はまったく別の機能ではなく、いわばコインの表と裏のように同じもののふたつの側面なのだと説明する。一方で敬意と距離を保つ間接表現を用い、もう一方で間接的に仲間意識も求めるのは、人間が個人であると同時に、社会的生物であるというふたつの矛盾する側面をバランスをとりながら生きているからである。人は独立した個人である故にユニークでありたいと願い、他の人から独立していたいと望むが、また同時に一方では、社会の中のひとりとして他の人と同じでありたいと願い、調和的な関係を望むのである。会話の機能には情報を伝えるメッセージの機能と、メッセージそのものでなくメッセージによって間接的に伝えられる対人機能のふたつがあるというのがタネンの会話のスタイルの基本理論であり、タネンは後者をメタメッセージと呼んでいる。彼女は、対人コミュニケーションに付随する間接表現の持つ曖昧性をメタメッセージの理論によって明らかにしようとしているのである。

　上に述べたように、会話のスタイルはメタメッセージによって決まることがわかる。会話のスタイルは個人や文化によって異なり、聞き手は話し手の意図を自分の会話のスタイルによって解釈するので誤解が生じる。会話のスタイルは次に述べる会話の合図と手段として、話し手によって会話の中に表現され、聞き手はそれをメタメッセージとして解釈する。

3. 会話の合図と手段

　タネンによると、会話のスタイルは、会話の速度や休止、声の大きさ、声の高低、イントネーションなどの会話の合図と、相手への反応、質問、不満、言い訳などの会話の手段によって表現される。

会話のスタイルにおける合図と手段がどのように間接表現に関わっているかを見ることにする（タネン，1986）。

会話の合図：話者交代など

　会話の合図における速度・休止は話者交代と関係している。自分の会話が終了したことを示すのに，私たちは無意識にではあるが声を小さくしたり，言うことを繰り返したり，ゆっくり話したり，最後に休止を入れたりする。この話者交代の合図は個人によってどれくらいの休止をおくかが異なるので，相手の話に割り込めない人，相手の話をさえぎってしまう人が出るのである。タネンは，デトロイト出身の男性が，ニューヨーク出身の人と話すと自分の話す順番がなかなかとれないのに，彼がカナダ北部のアタバスカンと話す時は，自分ばかり話をしているという例によって，休止の長さは絶対的な尺度ではなく，相対的なものであると説明している。ひっこみ思案のために発言できない場合ももちろんあるが，タネンはそのような人でなくてもスタイルの違いで会話の順番とりにうまく適応できない場合があることを指摘している。

　声の大きさも合図の一種である。大きい声は，話題の重要性・注意の喚起・怒りなどの強い感情を表わすことができる。小声で話すと，もう話すことがないという意味になったり，相手に対する尊敬を示したりする。しかし，声の大きさにも個人差や文化による慣習の違いがあるので，大きな声で話す人を怒っていると勘違いしたり，反対に，怒って無口になった人に対して，その人が怒っていることに気がつかなかったりすることになる。

　声の高低の合図は，速度・休止・声の大きさ・声の高低などを伴いイントネーションとなる。イントネーションは，表情・身振りなどのノンバーバルな表現手段と共に感情を表わす働きをする。R・レイコフは，尻上がりのイントネーションは確信のなさとうけとられると指摘した。たとえば，「なにを飲みたいですか」と聞かれて，

「白ワイン?」と答えた場合,さしつかえなければ白ワインをいただきますと言う丁寧な表現にも解釈可能であるが,自分の選択に対する自信のなさも意味するのである。

会話の手段:あいづちなど

会話の手段の中で,タネンが最初にとりあげているのは,あいづちである。相手の発言に対し関心を示すために「へえー!(Wow!)」とか「わあー!(oh, my god!)」(タネン 1985:43)などとあいづちをうったのに,発言者は自分の発言をとがめられていると思ったという例によってあいづちにも個人のスタイルがあることを指摘している。日本人のあいづちの「ハイ」が英語話者に同意と受け取られることはしばしば指摘されている。あいづちに関する日英語の比較研究は,泉子・K・メイナード(Maynard, 1993)などに詳しい。

相手の話に興味を持っていることを示す手段としては,相手に対する質問がある。間接発話行為の分析にもあるとおり,質問は文字どおり情報を求める働きもするが,批評,命令などの働きもするのである。「それをしてはいけません」と言う代わりに「なにをしているの?」とか「どうしてそんなことをするの?」と禁止の命令を間接的に質問によって示すのである。また,タネンは無口な人との会話において相手に対する関心を示そうと質問を沢山した女性が無遠慮な女性だと思われた例をあげ,会話のスタイルの違いによって誤解が起こる例を挙げている。

その他の会話の手段として,愚痴がある。愚痴のこぼしあいは,ある意味では仲間意識を高める手段である。そのような時に,ある人が解決法を指示したりすると,仲間意識は失われ,助言者と助言を受ける人という関係に変わってしまう。ここで重要なのはメッセージではなく,メタメッセージなのである。

タネンは会話の合図と手段を理解することによって,会話のスタ

イルの違いによるコミュニケーション上の誤解の原因を知ることができると述べている。彼女は間接表現がなぜ使われるのか，どうして人ははっきり言おうとしても言えないのかに関しても説明を試みている。

4. 間接表現の利点

　タネンはなぜ人が物事をはっきり言わないかという疑問に答えるために，間接表現の利点を挙げている。利点のひとつは，前に述べたように，お互いに言わなくてもわかるという近しい関係を表わすことである。タネンはギリシャ人の父と娘の会話を例に挙げている。娘が夜に外出しようとする時，父親は時には「もちろん，行っておいで」と言ったり，時には「お前が行きたいのなら，行ってもいいよ」と言ったりする。彼女は，父親の表現の仕方によって本当に賛成しているか，それとも，間接的に行ってはいけないというメタメッセージを彼女に送っているのかを判断するのである。この父親は権威をふりかざして，行ってはいけないと言わなくても，娘はその間接表現を理解する。このような間接表現は，ある意味ではお互いの対立を避ける防御の手段であるが，同じ会話のスタイルを共有している時にのみ，親しさの表現になるといえる。

　ジョーク，皮肉，比喩なども間接表現によって，相手との親しさを増したり，防御の手段となる。ジョークをお互いに楽しみ，笑うことは相手との親しさを増すが，自分の意見に相手が同調しなければ，「ちょっと，冗談を言っただけだ」と自分を防御する手段とすることもできる。ブラウンとレビンソンは，皮肉，暗喩をネガティブポライトネスに分類し，ジョークをポジティブポライトネスに分類している。間接表現は自己防御をしながら必要な情報を伝えるという機能を持つが，皮肉，暗喩，ジョークなどの間接表現は会話を楽しくするための重要な道具であることもタネンによって指摘され

ている。

　人がはっきりと言いたい時にも，なぜ言いたいことが相手に伝わらないのだろうか。タネンによれば，第1の理由は，真実を語ると言っても真実のどの部分を語るかによって次の例におけるように話の内容は変わってくるのである。ある女子大生が姉の結婚式のために故郷の町に帰って来た。自分の大学生活について聞かれたときに，彼女は相手によってまったく反対のことを答えた。自分の親戚には心配をかけないために，大学生活が素晴らしく，自分は満足していると言い，大学に進学できなかった高校時代の友人には，大学の素晴らしさにはふれず，アパートが狭く，勉強がきつく，経済的に苦しいと答えた。彼女はどちらかに嘘をついているのではなく，相手の立場を考え，どの部分の真実を話すかを選んだのである。第2の理由は，自分ははっきり言っているつもりでも，相手が期待している答をしていない場合には，はっきり言っていることにならないのである。第3の理由は，正直に言うことが相手にとって利益にならない場合である。これは，ブラウンとレビンソンのFTAに相当するといえる。話し手が聞き手に命令していると受けとられる場合にも，はっきり言うことを避ける傾向がある。次に間接表現の解釈をめぐる問題点をフレーミングとリフレーミングの概念を使って考えてみる。

5. フレーミングとリフレーミング

　間接表現の他の側面としてのフレーミングは次のように説明される。

> フレーミングは，私たちが言ったりしたりすることがどのような意図で言っているのかを示したり，他の人が言ったりしたりすることがどのような意図で言われているかを推測する方法である。これは，会話

における間接表現のもうひとつの側面である。

(タネン Tannen, 1986)

たとえば，ふざけているフレームでは相手をある程度のののしったり，叩いたりすることが許される。そして，ふざけているということは前に述べた声の大きさ，高さなどの言語的な合図や表情，ジェスチャーなどの非言語の合図などの手段を使って，メタメッセージとして相手に伝えられるのである。しかし，フレーミングが聞き手に確実に理解されるという保証はなにもない。

また，人は相手の設定したフレームをわざと自分のフレームに置き直して会話をする場合がある。これをタネンはリフレーミングと呼んでいる。リフレーミングは，しばしば聞き手が話し手を低い立場に置こうとする時に使われる手法であると彼女は説明している。離婚をしたばかりの女性が，クリスマス休暇にロンドンに行くのを楽しみにしていると友人に話した。すると，その友人は休暇中にひとりだけになるのを避けるためにロンドンまで行かずに，来年は私たちの家にいらっしゃいと彼女に言った。この発言によって，ロンドンに行くことを楽しみにしていた女性は嫌な気分になった。彼女はひとりになってかわいそうだと同情されたような気がしたのである。つまり，この聞き手は対等な立場から，話し手への同情にフレームを変化させたのである。フレーミングとリフレーミングは，相手を下に置いたり，相手を自分の希望どおりに操作する手段であるといえる。

ブラウンとレビンソンの丁寧表現の理論やデボラ・タネンの会話のスタイルの理論は，会話における間接表現が対人コミュニケーションにおいて重要な役割をはたしていることを示している。間接表現はその機能をどのような観点から分析するかにより，丁寧表現となったり，会話のスタイルにおけるメタメッセージとなり，私たちが自分以外の人々とどのような関わり方をしているかを説明する

理論となっている。

　これまでに会話分析における丁寧表現あるいは会話のスタイルの理論を説明したが，実際の会話分析はどのように行なわれるのであろうか。次に会話分析の理論を使って，日本語と英語のほめことばをとりあげ，比較検討することにする。

6. 英語と日本語のほめことばの比較：誇張と謙遜

　お世辞も丁寧表現のひとつである。日本人に比べ，概して英米人はほめ上手である。着ている洋服，訪問先の家の調度，パーティーでの手料理などを要領よくほめることは彼らの礼儀であるようである。そして，そのほめことばは，かなり実情より誇張されて言われることがよくある。小説からの引用であるが，次のような外見をほめる表現があげられる。

> 彼女の友人は満足そうに言った。「あなたになにがあったのか知らないけれど，すごくきれいよ。100万ドルの価値があるわ」
> "I don't know what you've been up to but you look terrific," said her friend, approvingly. "Like a million dollars!"
> 　　　　　　　　　　　　　　　　　(Kenneth Harper, *Falling in Love*)

日本人も，相手の外見をほめる習慣はあるが，特に異性をほめる場合には，あまり誇張をすると個人的な感情を込めていると誤解される危険もある。日本人のほめことばは，儀礼的な場合には，お世辞と呼ばれ誇張した表現よりもむしろ相手をほめるついでに自己の謙遜を伴うことが多い。例えば，訪問先のカナダの大学をほめた次のような表現がそれにあたる。

> 「きれいで広い大学で素晴らしいですね。この大学に比べたら，私の大学なんて狭くて大学とは言えませんよ」

このようなお世辞を受けた人は，なんと返事してよいか困るであろう。あまりに，極端なへりくだりは，お世辞の受け手を居心地悪くさせるといえる。

(英語のほめことばと誇張)

　上にあげたように，英米人のほめことばによくみられる誇張と日本人のお世辞に含まれる謙遜は，まったく異なるもののように見える。しかし，その対人機能をよく見ると共通する点もあることは，上でとりあげたブラウンとレビンソンのFTAと丁寧表現の理論を使って説明することができる。ジョンソンとロエン（Johnson and Roen, 1992）は，ほめことばの機能とブラウンとレビンソンの丁寧表現の理論とを次のように結びつけている。

> ブラウンとレビンソンの用語によれば，ほめことばは聞き手のポジティブフェイスに向けられたポジティブポライトネスの手段である。…それは社会的な仲間意識を築きたいという希望を表わす「親近感促進剤」（ブラウンとレビンソン 1987：101）の役割をはたす。それに加えて，ほめことばは，FTAを和らげる機能を持つことが多いのである（ホームズ Holmes, 1986）。
> （ジョンソンとロエン Johnson and Roen, 1992）

ここでジョンソンとロエンが分析しているように，ほめことばは，ポジティブポライトネスの手段のひとつと考えられる。誇張に関しブラウンとレビンソンは次のように言っている。

> おそらくポジティブポライトネスによる緩和の作用と日常の打ち解けた会話行動とを区別するただひとつの特徴は，誇張の要素であろう。
> （ブラウンとレビンソン，1987：101）

ブラウンとレビンソンは，ポジティブポライトネスと真の親しさを区別するのは困難だが，ポジティブポライトネスを特徴づけるの

は，誇張された表現であると指摘しているのである。

ブラウンとレビンソンの用語を使えば，ほめことばはポジティブポライトネスの手段であるが，相手のポジティブフェイスをどのように満足させるかには，いろいろな方法がある。英米におけるほめことばが常に誇張されるものとは限らないことは，次のブラウンとレビンソンによるほめことばの例からわかる。

まあ走ることは走りそうだね！
(ピカピカのスポーツカーについて　会話の含意：ほめことば)
悪くないね。(会話の含意：話し手はそれが素晴らしいと思っている)
　　　　　　　　　　　　　　　　　　(ブラウンとレビンソン，1987)

上の例においては，実際より控えめな表現をすることによって，聞き手が話し手の会話の含意を理解するように仕向け，FTAを回避しているとブラウンとレビンソンは説明している。このような会話の含意を理解するためにコンテキストが重要であることは，同じような例文が相手をけなすためにも使われている，次の例からもわかる。

あの家には少しペンキをぬらなきゃね。
(ペンキのはげたスラムに関して　会話の含意：かなりの仕事)
あの子はちょっと鈍いよ。
(会話の含意：どうしようもない子)
　　　　　　　　　　　　　　　　　　(ブラウンとレビンソン 1987)

実際の会話においては，ほめことばにも間接表現が使われることをこれらの例は示しているが，一般的な儀礼的な表現の場合には，最初に述べたように，英語のほめことばは誇張した表現をとることが多いのではないだろうか。

日本語のお世辞と謙遜

　日本語のほめことばについてさらに述べる前に，お世辞という表現についてひとこと触れておかなければならない。英語のほめことばと日本語のお世辞を比較する際に問題となるのは，ウィアズビッカ（Wierzbicka, 1991）が異文化比較の本質的な問題であると指摘しているように，英語のほめことばであるcompliment と日本語のほめことばとしてのお世辞は同じものをさしていないという事実である。すでに英語のcompliment と日本語のお世辞の中には，それぞれの文化の色合いが込められているので，同じものの比較をするのは不可能なのである。このような事実は，日本語の敬語と英語のpoliteness にも言えることであり，ウィアズビッカは文化的に中立な表現を使って複数の異なる文化を比較することが必要であると指摘しているが，ここでは相手をほめる言動一般を比較するとの前提に立って議論をすすめることにする。

　ウルフソンによると，ほめことばの機能は「話者の間の調和関係を作り維持すること」（ウルフソン Wolfson, 1983：86）である。これは，言い換えればポジティブポライトネスである。日本語のお世辞はポジティブポライトネスに入るのであろうか。

　日本語における謙遜を含む典型的なほめことばは次のような学齢期の子供を持つ母親の間のやりとりに見られる。

母親A：おたくのお嬢さんはおできになるからいいわねー。うちの子
　　　　なんて，できなくて本当にこまるわ。
母親B：まあ，とんでもないわ。おたくのお子さんのほうがおできに
　　　　なるのに。

　このような会話は，あまり親しくない母親達の典型的な儀礼的なやりとりである。次のようなやりとりも同様である。

A：素敵なお家ね。お宅に比べたら，うちなんてみすぼらしくて。

B：そんなことないわ。お宅の方がずっと広くて，豪華だわ。

　これらのやりとりにおいて共通することは，ほめる側は相手をほめると同時に，自己の謙遜の表現を入れ，ほめられる側は相手のことばを打ち消し，多くの場合反対に相手をほめている点である。このようなやりとりは，日本の社会ではかなり形式化されている。このような形式化されたほめことばは，お互いに自分を下において相手を上におこうとするので，相手と距離をおこうとしているのである。これは，ポジティブポライトネスではなく，ネガティブポライトネスの手段であるといえる。

　日本語においても，上にのべたような儀式的なほめことばではない，ポジティブポライトネスを表わすほめことばももちろん存在する。しかし，英語圏の人々，特に中西部のアメリカ人に典型的に見られるように初対面の人と親しくなるために相手をほめ，相手との距離を縮めようとするポジティブポライトネスとしてのほめことばより，日本人は親しくない人の間ではネガティブポライトネスとしてのほめことばの用法が多く見られる。特に親しい間でない場合は，相手のほめことばを打ち消すことに慣れているので，英語圏に行ってもほめことばを素直にありがとうと受け取ることに最初は抵抗を感じるのである。

　ここに述べた分析は，厳密なデータ収集によったものではなく，身近なやりとりの記録を考察したものであるので，日本語のほめことばをさらに詳細に分析することによって，さまざまな側面が明らかになるであろう。しかし，ここにおける限られた考察においても，英語におけるほめことばは誇張を伴うことが多く，それがポジティブポライトネスの役割を果たすのに対し，日本語のほめことばは謙遜を伴い，ネガティブポライトネスの役割を果たすという傾向があることがわかる。お世辞を例にとっても，自分を下におくことによって相手をたて，人との関係を上下関係でとらえる傾向がある

という日本人の社会的特性が現われている。これに対し、上に述べた英語圏のほめことばを例にとると、たとえあまり親しくない相手に対しても、形式上であっても親しみを表わすようなポジティブポライトネスを用いる点で、日本とは異なる社会的な価値観を示しているといえる。

7. おわりに

会話分析によって明らかにされた会話のなりたちを間接表現を中心にして述べてきた。ことばにはっきり表わさず、ほのめかすのは日本人だけでないということが、会話分析の理論を理解するとよくわかる。それと同時に、文化による会話のスタイルの違いがコミュニケーション上の誤解を生むことが、会話分析によって明らかになる。

（津田早苗）

参考文献

Brown, Penelope and Stephen C. Levinson. *Politeness: Some Universals in Language Usage*. Cambridge: Cambridge University Press, 1978.

Holmes, Jannet and Dorothy F. Brown. "Teachers and Students Learning about Compliments." *TESOL Quarterly* 21.3.: 523-46, 1987.

Johnson, Donna M. and Duane H. Roen. "Complimenting and Involvement in Peer Reviews: Gender Variation." *Language in Society* 21, 27-57, 1992.

Manes, Joan. "Compliments: A Mirror of Cultural Values." Wolfson and Judd eds, 1983.

メイナード・K・泉子『会話分析』東京：くろしお出版，1993.

Tannen, Deborah. *Conversational Style： Analyzing Talk Among Friends*. Norwood: New Jersey：Ablex, 1983.

Tannen, Deborah. *That's Not What I Meant!： How Conversational Style Makes or Breaks Relationships*. New York: Balantine, 1986.

津田葵「社会言語学」『英語学大系6　英語学の関連分野』東京:大修館書店，1989.

Tsuda, Sanae（津田早苗）. "Contrasting Attitudes in Compliments：Humility and Hyperbole in English," *Intercultural Communication Studies II*, 1： 137-46, 1992.

Tsuda, Sanae. *Indirectness in Discourse*：What Does It Do in Conversation?, *Intercultural Communication Studies III*, 1： 63-74, 1993.

Tsuda, Sanae.『談話分析とコミュニケーション』東京：リーベル出版，1994.

Wierzbicka, Anna. *Semantics, Culture and Cognition： Universal Human Concepts in Culture-Specific Configurations*. Oxford: Oxford University Press, 1992.

Wolfson, Nessa. "Compliments in Cross-Cultural Perspective." *TESOL Quarterly*, 15, 2： 117-24, 1981.

Wolfson, Nessa. 1983. "An Empirically Based Analysis of Complimenting in American English." Wolfson and Judd eds, 1983.

Wolfson, Nessa and Elliot Judd eds. *Sociolinguistics and Language Acquisition*, Rowley. Mass: Newbury House, 1983.

5 コミュニケーション・スタイル
——ところ変わればことばも変わる

1. はじめに

　私たちは日々の生活の中で，たとえば家庭で，職場や学校で，また友達との語らいで，さらに初めて会った人との会話などにおいて，通常はその場にふさわしいコミュニケーションのスタイルを選んでいる。このスタイルの選択は，ある特定の単語とその発音から，文章の構造・形式，談話の進め方，さらにある場合には，ひとつの言語からもうひとつの言語への移行まで，さまざまな形で行なわれる。またこれらの選択に際しては，話者と聴者，すなわち対話者どうしの意向が微妙に反映される場合が多い。これは話しことばだけではなく，書きことばを通した作者と読者との情報や感情・意志伝達についてもいえることである。しかし，話しことばにおいて，この傾向は特に顕著である。また，このスタイルの使い分けや移行は，コミュニケーションの参加者によって，意図的に行なわれる場合もあれば，なかば無意識的に行なわれる場合もある。

　そこで，本章では，アメリカ英語にみられる社会的な多様性や，心理的な可変性などについて，その形態や機能を，日本語と対比しながら探究していきたい。そして，アメリカ英語の使われる社会・文化的な背景，つまり「場面・状況」を形成する社会変数や，対話者の心理的な状態などを充分考慮・把握しながら，社会的な制度のひとつである「ことば」の多面性を，具体例とともに体系的に考察

していくことにする。

2. 空間的な広がり・時間的な経過

> 社会的な要因による多様性(空間的な広がり)

　私たちの日常生活における言語行動を,空間的な広がりに伴う対話者の社会的また心理的距離の調節と,社会規範との関連でとらえてみる。すると,そこにはその個人が帰属するさまざまな社会的グループの要求(social requirements)や,その個人のことばを通した社会的な立場の認識(social identity),また発話の話題や目的,さらに「場面・状況」(コンテキスト)などがある。そして,それらの拮抗によって,その個人はさまざまなコミュニケーション・スタイル,つまり,コード(code)を選択している。また,そのコードの移行も,アメリカの場合には人種,民族,年齢,性別,階層などによる社会方言(social dialect),あるいは地域方言(regional dialect)と共通語間のこともあり,時には異なった言語間のこともある。さらにはピジン語やクリオール語など中間言語(interlanguage),職業語や専門語(vernaculars)と共通語間のこともある。ここでは,アメリカ英語のコードの選択に影響を与える「社会的な規範」を (1) 複合文化国家 (2) 普遍的な社会変数,の2点に分け,それらに起因する言語使用の多様性と可変性を見ていこう。

a. 複合文化国家

　日本もけっして単一民族・単一言語国家ではない。法務省の統計によると,92年末の外国人登録者数は128万人余りとなり,日本の総人口に占める割合も1％以上,過去5年間で約1.5倍になったという。もちろん,韓国,朝鮮,中国などの出身者が,全体の70％弱で圧倒的に多いが,中南米からの出身者の数は,この数年間に50倍以上増え,18万人弱にも達している。このほか,中近東や東南アジ

アからの労働者で、いわゆる不法残留者の数は、29万人以上とされるが、実態はそれよりもずっと多いともいわれる。いずれにしろ、日本は、もはや単一民族の国とは呼べない状態にある。しかし、言語面から見てみると、日本の至るところで日本語が話され、日本語が通じ、マス・メディアもテレビ・ラジオに関し、ある特定の民族の人々のために、放送局が設けられていることもない。英語を中心とした二言語放送や、ＣＮＮやＢＢＣの衛星放送にしても、英語を理解する日本人の増加や、主として英語圏からの人々の需要に対応したものである。ごく一般の人々の日常生活では、日本語以外の言語を使う機会は、教育現場などを除いてあまりない、といってもよい。「国際化」ということばが、安易に英語と結びつけられることはあっても、日本に住んでいるかぎり、その人々の言語意識はまず日本語である。

　一方、アメリカに目を転じてみると、事態は一変する。総じて、現在の共通語は確かに英語である。しかし、その建国の歴史から、自由・平等の御旗のもとに、さまざまな地域からの移民・難民を寛大に、またあるときは制限を強化しながらも受け入れ、現在でも不法入国者があとを絶たない社会事情・状態によって、民族や人種、言語が入り交じっている姿がある。これらが、サラダ・ボウル(salad bowl)の状態を保ちながら、共存しているのである。アメリカの総人口に対するヒスパニック（主としてメキシコからの入国者）とアジア系の人々の数は、15％を越えようとしている。これに黒人や、インディアンなど他のマイノリティを加えると、アメリカが従来のＷＡＳＰと呼ばれる白人中心の社会であるという幻影は揺らいでくる。また、アメリカ国内での、さらに国外からの人々の移動性の高さなどを考えた場合、日本の社会をかりに「内向性」「収束性」「閉鎖性」ととらえるなら、アメリカの社会は「外向性」「多様性」そして「開放性」と形容できるのである。言語に関しても、特に西海岸や西南部、ニューヨークなどを中心とするマイノリティの自己認識

5 コミュニケーション・スタイル

や集団意識としての母語，特にスペイン語の保持や，南部や中西部，東部および西海岸の大都市での黒人英語の存在，南部やフロリダ半島を中心とするクリオール語（特にガラ語"Gullah"）の存在などがある。アメリカ英語が，その移民の歴史や人々の移動性，またマス・メディアの発達などの理由で，地域的に変差が少ないのに比べ，これらは特記に価するものである。スペイン語を母語とするいわゆるヒスパニックのなかには，その環境に応じて，共通語としての英語を学び，より多くの地位向上の機会を得ようとするものもいるが，スペイン語だけで単純労働者として通す者も多い。二言語使用者は，場面・状況に応じて，以下に示すように，巧みに言語を使い分けている（スペイン語部分には日本語訳を付加してみた）。

例 1

Secretary：Do you have the enclosures for the letter, Mr. Gonzalez?
Boss：Oh, yes, here they are.
Secretary：Okay.
Boss：Ah, this man William Bolger got his organization to contribute a lot of money to the Puerto Rican parade. He's very much for it. ¿Tú fuiste a la parada?
　　　（君はパレードに行ったかね）
Secretary：Sí, yo fuí. （ええ，行きました）
Boss：¿Sí? （本当なの）
Secretary：Uh huh. （ええ）
Boss：¿Y cómo te estuvo? （どうだった）
Secretary：Ay, lo, más bonita. （はい，とてもすてきでした）
・・・・・・・・・・・・・・・
Boss：Pero, así es la vida, caramba. （でも，それが人生ってもんだよ）

>   Do you think that you could get this letter out today?
> Secretary: Oh, yes.　I'll have it this afternoon for you.
> Boss: Okay, good, fine then.
>
> 　　　　　　　　　　　　　　　　（フィシュマン Fishman: 1972）

　上司と秘書は，事務的な話題（手紙の送付）では英語を使っているが，上司がプエルト・リコの祭りに触れ，いったんスペイン語を使い出すと，彼の秘書もスペイン語にコード・スイッチングをし，ひととき祭りの話がスペイン語で盛り上がる。しばらくして上司がまた仕事の話題に英語で切り替えた途端，秘書も英語で応対を始めている。話題による典型的な二言語間のコード・スイッチングである。

　テレビ網の整備，衛星を使った新聞の発行など，情報通信の発達や，公教育の普及，さらに公民権の獲得による政治参加などによって，アメリカでの黒人と白人の社会的地位の差は，一見縮まったようには見える。しかし，ロドニー・キング氏事件に始まったロス暴動や，深夜の白人パトロール警官の黒人に対する不当な職務質問，白人タクシー運転手の黒人への乗車拒否，黒人へのアパートの貸与拒否などの一連の報道に見られるように，アメリカにおける人種的偏見は，根深いものがある。次の例は60年代のものであるが，その状況は現代でも当てはまるであろう。警官の職務質問である。

例　2
> Policeman: Hey boy, come here!
> Dr. P.: I'm not boy.
> Policeman: What d'ja say, boy?　What's your name, boy?
> Dr. P.: Dr. Poussaint.　I'm a physician.
> Policeman: What's your first name, boy?
> Dr. P.: Alvin.

Policeman : Alvin, the next time I call you, you come right away, you hear?　You hear me, boy?
Dr. P. : Yes, sir[1].

(アービン・トリップ Ervin-Tripp: 1973)

　この白人警官は，間違いなく白人に対する尋問時と，この場面でのことばづかい，コードを変えている。ここでの黒人は，自分が医者であることを明言したのにもかかわらず，名前を尋問され，その名前 "Alvin" で呼びかけられている。さらに終始，軽蔑的な "boy" とも言われている。黒人の医者の最後の発話 "Yes, sir." も印象的であるが，ここには，彼の屈辱感が如実に表わされている。

　しかし，反面，黒人が自分たちの帰属意識 (social identity) をあらわにするために，あえて黒人特有の表現，例えば二重否定を使ったり，三人称単数の動詞語尾を削除したり，時制を無視したり，"ain't" を多用したり，加えて，黒人独特の発音を仲間どうしで用いることが多いのも事実である。次の例は，ハリウッドの有名俳優エディ・マーフィーの主演した映画『大逆転』(*The Trading Place*) から，彼のせりふを引用したものである。ここでは，彼が紛する黒人の浮浪者が，留置所のなかで，白人のごろつきの話の誤りを，文法用語を出して皮肉にも正している。Black 1 がエディである。(以下の各例における下線部は，この章の筆者が説明の便宜上付加したものである)

例　3
White 1 : Tell how you beat on the cop.
Black 1 : Wasn't no cop, man.　It was cops.　<u>Suuu..... Plural</u>.　Nine or ten cops.　Beat the shit out of ten cops, and had to change my whole strategy around.

White 2 : Yo, when they brought in here and booked you, you was crying like a pussy.
Black 2 : Yeah.
Black 1 : That's 'cause of one of the cops felled. He threw tear gas in my face[2].

さらに、この場面では、もうひとりの白人も "... you was crying..." と非標準的な文を発している。これは、彼の置かれている環境などの背景を示すものであるが、この場の彼にとっては、グループとしての結びつきを求めるうえで「妥当な」(appropriate) ものである。ラボブ(William Labov: 1972)の調査結果などから、黒人英語を、破格文法、逸脱発音などと結びつけることが多いが、これも傾向の問題であり、黒人といえども、その個人の属する社会グループ、教育、地位などによって、使用域に大きな差のあることは熟知していなければならない。事実、政府の役人や裁判官などの話す英語は、発音、文法面などで、白人のそれと変わらない場合が多い。これを裏付けるかのように、上記の映画のなかで、白人の会社重役ふたりの策略で、彼らの会社の役員として働き、振る舞うようにされてしまったエディ演ずるBlack 1は、お抱えの運転手と、次のようなやりとりをする。

例 4
Black 1 : He looks just like the dude who had me busted.
Driver : Sir?
Black 1 : Right there. He looks like just a mother fu...ah, ah, I...I mean he looks just like the gentleman that had me busted.
Driver : To...to whom are you referring, sir?
Black 1 : Right there. The dude right over there[3].

この会話のなかで，彼はいつもの黒人仲間と交わす調子で言い始めた下線部 "a mother-fu(cking)..." を，白人運転手の"Sir?"に合わせ，口調も変えて "I mean ... the gentleman..." と格調高く響くようにコード・スイッチングしている。自分の現在置かれた立場に気づき，それに合わせようと努力しているのは，風刺がきいていて滑稽でもある。この映画では，エディはことばづかいをも含めて，アメリカのなかで黒人が置かれている立場を示しながら，白人優位の社会を滑稽に，かつ冷笑的に描いているのである。

b. 普遍的な社会変数

ここで考えられる変数とは，言語のコード・スイッチングに影響を与えうる性別や年齢などのほか，社会階級，職業などを表わす。日本語には「尊敬語」「謙譲語」「丁寧語」という敬語体系のほかに，性別に関して，明確な「女性語」と呼ばれることばのコードが存在している。現在，その境界線が曖昧になりつつあることから，かつては明確に「存在した」，といったほうがふさわしい。日本語のなかの「女性語」は，語彙的にも，また形態的，音韻的にも特色あるコードであり，男性がこれらを使った場合，現在でも特別な世界を連想させる。ことばはその使われる社会や文化の反映であるとするなら，歴史的な日本の男性中心社会が，そこに反映されている。

英語の場合，「女性語」の存在は，60年代まであまり意識されるものではなかった。しかし，アメリカでは，女性開放運動の一環として，女性にふさわしいとされていることばのコード規制を，意識的に改革していくことによって，性差別をことばの面から除去していこうとする運動が，黒人の公民権獲得運動のあとの，60年代後半から盛り上がった。そして，レイコフ (Robin Lakoff: 1975) の著書 *Language and Woman's Place* で頂点に達した。「女性語」については，他の章で詳しく触れられるが，マグロー・ヒルのような出版社では，男女平等のための用語集を出版するまでになり，日

常生活ではともかく，公式の場での言語による性差別感は少なくなってきている。封筒の宛名も敬称を略すことが多くなってきたし，"fire fighter" "police officer" もメディアでは日常的になっている。また，"lawyer" "doctor" "author" なども，修飾語（辞）を付けずに男女両性を表わすようになった。クリントン大統領の妻ヒラリーさんの公式な場での声明や演説には，女性語の特徴とされるものはほとんど見当たらない。

ことばの「乱れ」や「ゆれ」として，大人からは否定的にとらえられることの多い若者のことばづかいは，言語と年齢との関係である。日本語でも「超…」「メチャ…」などの接頭語，可能を表わす「ら」抜きことば，語尾を伸ばしたり，揚げたりする言い方など最近話題になっているが，これらも若者どうしで帰属意識を表わすコードとして使われるのである。どの言語にも若者の間で好まれる表現は，その時代ごとに特有なものがあり，あるものは一時的なものとして消えていく。また，あるものは普遍的なものとして残っていく。ことばは常に揺れ動き，刻々と変化していくものであるから，ある時期のあるひとつの価値観で，その使い方の良し悪しを判断するようなものではない。若者もその場面・状況に応じて，ことばのコード・スイッチングを巧みに行なっているのである。次の英語の例は，若者映画『トップ・ガン』（*Top Gun*）のシナリオから抜粋したものである。主人公のマーベリックは，仲間どうし，自分より年上の上官との関係で，巧みにコードを変えている。

例　5

Ice：That's not what I heard.

Goose：No, we did. We got Jester.

Slider：No, no! Below the hard deck does not count.

Maverick：Hard deck my ass! We nailed that son of a bitch!

Ice：Ah, you guys really are cowboys.

Maverick : What's your problem, Kazansky?

Ice : You're everyone's problem. That's because every time you go up in the air, you're unsafe. I don't like you because you're dangerous.

Maverick : That's right...Ice...<u>man</u>! I am dangerous.

例 6

Maverick : So, you were there?

Viper : I was there. What's on your mind?

Maverick : My options, <u>sir</u>.

・・・・・・・・・・・・・・・

Viper : A good pilot is compelled to always evaluate what's happened, so he can apply what he's learned. Up there, we've got to put it...that's our job. It's your option, Lieutenant...all yours.

Maverick : <u>Sorry to bother you</u> on a...Sunday, <u>sir</u>. But <u>thank you very much for your time</u>.

Viper : No problem. Good luck.

　例5は，兵士たちのロッカールームでの喧騒としたなかでの会話，例6は，相談のため主人公が上官の家を訪れたときの会話である。特に，上例の下線部の"you guys""son of a bitch" "man" など，また，下例の"sir" の使い方，礼の言い方などに，よくコード・スイッチングの様子が表われている。このように，年齢や社会階級，職業などの相関性によっても，単語の選び方，表現の仕方，つまり言葉のコードが変わってくるのである。

　これらのコード・スイッチングは，ケイネル(Canale, 1990)の言語運用能力の定義に従えば，社会言語学的能力として，幼児期から年齢の上昇とともに獲得されるものである[4]。そのコード選択の多様性や妥当性は，社会生活を営んでいくうえで，より多くの場

面・状況に直接接すること、その実体験をもとに、メディアや書物、講義などを通した擬似体験が、これを補強することによって、徐々に可能になっていくものである。自分が置かれたその場面、対話者、またその目的などに対し、適切な、あるいは不適切な言語表現をみずから体験し、また見聞きすることによって、意識的にも、また無意識的にも、コード・スイッチングができるようになるのである。

　これに加え、言語に対する意識も、社会生活のなかで獲得していくものといえる。たとえば、複合文化国家であるアメリカでは、自己証明の最も有効な伝達手段として、話しことばや書きことばによる主張や討論を小さいうちから奨励する。そして、そこから論理的な話の進め方を体得させる。一方、伝統的な日本文化には、ことばはひとつの伝達手段に過ぎないという意識がある。「ほのめかし」「言わずもがな」「その場の雰囲気」などにみられる「察し」や、「顔色を伺う」「目を読む」「しなをつくる」などで表わされる微妙な非言語伝達の重視、さらに意志決定の際の「根回し」「玉虫色」「消極的な協調的妥協」など、相手との面と向かった対決を避ける情緒性である。このような異なった思考形態や行動様式も、これからの異文化理解においては、言語のコードの幅や種類の多様性とあわせて考えられるべきであろう。

機能による多様性（時間的経過）

　私たちは、日々の生活のなかで、いろいろな場所で、さまざまな人々と出会い、また、その時々の別れを経験している。ある人とは、通りすがりに、ほんの道を聞かれただけの出会いだったかもしれない。ある人とは、学校や職場がたまたま同じだったという理由で、その後何度か会うことになり、徐々に親しくなり、親友と呼べるまでになるかもしれない。あるいは、お互いの気持ちが通いあい、将来の伴侶となるかもしれない。一度会っただけで連絡も取ら

ずにいた人と，ふとしたきっかけで知り合い，その後友達になったり，またある人の紹介で知り合い，親しくなったりもする。国内に住む外国人の数が急増しており，海外に出かけていく日本人の数も年間 1,000 万人にも上る現在では，この出会いや別れは，今や日本人どうしに留まらない。こんな状況の中で，普遍的にいえることは，あるふたりが親しくなると，それに従って，その人たちの物理的な距離や心理的な距離も近くなる，ということである。家族や親友，また恋人どうしは，ごく近くで生活して，親密な会話を交わすであろう。たとえ距離的には離れていても，電話のことばで，また手紙の文句で距離を縮め，おたがいの関係を確認しあう。家族や恋人でも，何か言いにくいことがあるときや，相手をたしなめたり喧嘩をするときには，急にあらたまって，心理的な距離を取りながら，他人行儀なことばづかいをしたりする。アメリカでは，母親が自分の子供を叱るときには，この距離を充分取るため，フルネームで呼びかけることもある。

　これらの機能的な言葉の変異形を，ジョーズ(Joos, 1962)は凍結型(frozen style)，形式型(formal style)，社会協議型(social-consultative style)，打ち解け型(casual style)，そして親密型(intimate style)の5つの型に区分している。そして，英語の使用においては，話者はある場合に，ひとつのスタイルに固執する必要はなく，ひとつの文章の中でさえ，ほかの隣接のスタイルに自由に移行できるが，これを飛び越してしまうことは反社会的であるという。日本人は「親しき中にも礼儀あり」の意識で，社会的地位や年齢，性別などに強く制約され，ある見知らぬふたりが出会って親しくなっていく過程でも，凍結型から親密型への移行は，なかなか難しいものがある。英語の場合はどうであろうか。アメリカ映画『アイリスへの手紙』(*Stanley and Iris*)を例に，呼称や文の形，特に丁寧語の使い方などを指標にして，この機能的な移行を，時間の経過とともに探っていこう。愛する夫をなくしたアイリスは，ある

日，強盗に襲われたところを，同じ菓子会社に勤める独身で文盲のコックのスタンリーに助けてもらう。彼女は彼に家まで送ってもらう。ふたりが冷静になって交わす初めての会話である。

例 7
Iris：Thanks. You were, you were really nice to get off back there or you could gonna hurt.
Stanley：I didn't.
Iris：It's lucky you were on the bus. …Amm, <u>would you take some money?</u> Ah, I don't know I have a bill on me.
Stanley：<u>Lady</u>, I don't want your money. Anyway, you don't have any.
Iris：Yes, I do. …I hide a bill load up my shoe here.
Stanley：Keep, keep till the next time.
Iris：There's not gonna be the next time.
Stanley：I believe you. <u>I'm Stanley Cocks</u>.
Iris：<u>Iris King</u>.
(They shake hands)
Stanley：Stay away at home, <u>Mrs. King</u>.
Iris：I'll try, <u>Mr. Cocks</u>.
Stanley：Good. Good night.
Iris：Good night.

下線部の呼称からみても，ふたりは距離を置いて，堅苦しい感じで話しており，このまま別れていくはずであった。ところが，こんなふたりが偶然の出会いを数度繰り返し，身の上話を交わしあう。呼称もすぐに "Stanley" "Iris" となり，会話の内容も "You're watching me." "You're standing out." と，相手の内面に入っていく。しかし，アイリスがスタンリーの文盲に偶然気がつき，職場の上司の詰問にあっている彼を弁護しようとしたとき，スタンリー

の自負心は彼女を拒絶する。その晩，打ちひしがれ，場末の酒場で独り酔いどれる彼に，アイリスが謝罪をしようと近づく。しかし，彼は下線部のような呼称によって，彼女を遠ざけようとする。

例　8
Iris：May I sit down?
Stanley：I don't feel like much your company.
Iris：Can you forgive me that way?
Stanley：Yes, <u>ma'am</u>. I did.
Iris：You're headed for trouble?
Stnaley：<u>Lady</u>, I'm always in trouble.

しばらく音信の絶えていたふたりだったが，雨の激しく降る日，スタンリーは，帰りのバスに急ぐアイリスを見つけ，文字を教えてほしいと頼む。こうして，曲がりなりにも師弟の関係が生れる。

ある夜，彼は酔ったあげく，アイリスの家を訪ねる。彼はまた形式張った呼び掛けをするが，アイリスも同様の呼び掛けで，彼と一線を画している。

例　9
Stanley：Good evening, <u>Mrs. King</u>. I'm...I'm...I'm little drunk.
Iris：No kidding. Come on in.
(Stanley stumbles and falls on the floor)
Iris：Are you all right, <u>Mr. Cocks</u>?
Stanley：Maybe I'm drunk, <u>Mrs. King</u>, but I'm...

その後も文字の練習は続く。ある日，スタンリーの家を訪ねたアイリスは，彼の創作している菓子作りの機械と，彼のアイデアに驚き，思わず "Stanley!! Maybe you should show this to someone." と叫ぶ。そして，また心の琴線が触れ合ったふたりは，<u>お互いをファースト・ネームで呼び合う</u>ようになる。そんな仲になった

ふたりであったが,ある冬の晩,スタンリーはアイリスの家の外を所在なく歩き回っていた。子供に言われ,外を見たアイリスは,その男がスタンリーだと気がつき,すぐにドアを開け,彼に向かって大きな声をかける。この場面で,アイリスはスタンリーに何度も家の中に入ってくるように伝えているが,最後の下線部では,最大限の丁寧さを表わすお願いになる。

例 10

Iris：What are you doing?
Stanley：I'm thinking.
Iris：You can think inside? Can you come in and sit down and have a cup of coffee? Come on!
(Stanley is hesitant)
Iris：Would you please come inside?

夫婦同様に親しくなったふたりだったが,スタンリーにデトロイトから仕事が舞い込み,やがて別れることになる。その後,しばらくしたある晩,アイリスは両腕に紙袋を抱え街角を歩いていた。そこに,ミシガンのプレートを付けた高級車が近づき,彼女の脇に止まる。運転していたのはスタンリーだった。彼はアイリスに呼びかける。

例 11

Stanley：Iris!
Iris：(Very astonished) Stanley! What are you doing here?
Stanley：Came to see you.
Iris：Did you get fired?
Stanley：No. In fact, I've got a raise. (Opening the door) Climb it.
Iris：I'm ...I'm really glad to see you.

Stanley：I'm happy to see you.
Iris：Is this your car?
Stanley：After twenty-four payments, it'll be my own car.

　そして，ふたりはスタンリーの出した多くの手紙の話，デトロイトの家の話，アイリスの子供達を連れてその家に引っ越すことなどを話しながら，彼女の家の中に消えて行く。
　こういうストーリーの展開と一連の会話である。例7から例11を通してみると明らかなように，この映画の主人公のふたりは，呼称や丁寧表現を通して，おたがいの心理的な距離の遠近を調節しているのである。あるいは，心理的な距離の遠近が，それぞれの表現に表われていると言ってもよい。特に相手に反感を抱いた場合や，師弟関係が生まれた場合，相手に懇願をする場合，相手と本当に一体化した場合などのコード・スイッチングが見事に表わされている。
　例に提示したものは，手を加えられた映画のせりふであるが，英語を母語とする人たちに見られる縦のコード・スイッチング，つまり凍結型から親密型への移行や，その揺れの一面を，時間の経過とともに垣間見ることができる。英語では，この縦のコード・スイッチングは，日本語よりも柔軟性を持ち，また経過していく時間も通常は短い。つまり，社会的な規範・変数によって，始めから強く制御されるものと考えるより，対話者の間柄や，その対話の場面に依存して移り変わっていくもの，と考えたほうがよいだろう。
　日本語においても，異性の大人がお互いを名前で呼びあうことは，今の若いカップルの間では，けっして珍しいことではない。また，見知らぬものどうしが，特に異性が親しくなっていく過程で，お互いに姓から名前に（結婚前には「さん」づけの場合が多いが）呼称を変換していくことは，ふたりの物理的また心理的距離が縮まっていくにつれ，ごく一般的に見られることである。しかし，こ

の相互交換も同性について言うなら，女性どうしならまだしも，男性ではあまり考えられないことである。縦軸を長くとった場合，男性どうしでも，子供のときに名前で呼びあった「幼ななじみ」，日本人に見られる「ウチ」「ソト」の概念で「ウチ」と認識していたものどうしが，そのままの関係を維持し，大人になっても名前で呼び合うことはあろう。しかし，大人になってから築かれた関係の場合は，特別な場合，つまり「ウチ」の意識が非常に強い場合を除いて，せいぜい姓の呼び捨て，あるいはニックネームを相互に使う程度であろう。夫婦の間でも，夫は妻を名前で，妻は夫を「あなた」あるいは「さん」づけで，子供がいればより快適な「お父さん」「お母さん」を多用することの方が一般的である。

　また，社会的にあるいは年齢的に目上の人に向かって呼びかける場合には，いくら親しくても，その人の役割（社長，部長，先生，師匠など）か，せいぜい「さん」付きの姓で呼びかけるであろう。社会的な地位と年齢が拮抗する場合には，一応は社会的地位が優先するであろう。しかし，役割意識とともに年功序列の意識が強い日本文化，「親しきなかにも礼儀あり」の観念，他人との協調性のなかに「和」を求める伝統が優位を占める日本文化のなかでは，このへんは難しい選択である。上記の映画の例のように，大人どうしでも，できれば親しみを込めて名前で呼び合いたい，そのほうが快適だと考える英語文化，特にアメリカ文化とは大違いである。アメリカのニュース・ショーなどで，司会者どうし，あるいは司会者とレポーターが，名前で呼びあっているのを耳にすると，「ウチ」「ソト」の区別の上に，さらに「タテマエ」や「形式」を重んじる日本社会との習慣の違い，意識の違いが感じられ，非常に興味深い。

　最近は日本の企業のなかにも，会社の中の人間どうし，すべて「さん」づけで呼び合うところもあると聞く。しかし，実際問題として，この呼称方法も，やはり自分より地位の高い人に対しては，かなり抵抗があろう。このへん，上記の「タテマエ」や「形式」を

固定化するものとしての，社会組織や年齢に常に縛られる（重きを置く）日本人と，社会的地位や年齢はもちろん考慮するが，あくまで「個人対個人」の関係を重視し，ことばのコードを，早く実際の人間関係に合わせようとするアメリカ人との，社会通念上の対比ととらえることができる。

　この，対人関係における相互の呼称や，丁寧表現を中心とする時間的なコード・スイッチングは，今後の日本人と外国人，とりわけアメリカ人との交渉において，充分考慮していかなければならないものであろう。個人レベルだけでなく，企業レベルでの交渉・協力においても，どちらのパターンを選ぶのか，またどちらが相手に合わせるのかなど，自分の属する文化への認識を失うことなく対処すべき，異文化交流時のハードルのひとつである。

3.　結びに

　以上，日本語・日本文化をも考慮しながら英語，とりわけアメリカ英語の使用における多様性と可変性を，社会的要因（空間的広がり）と心理的要因（時間的経過）の両面からとらえてきた。そして，英語や日本語の機能や使い方には，ある程度までの普遍性はあるとはいえ，いずれの言語も，それが使われている社会や文化の状況に，強く影響されるものであることがわかった。空間的な広がりの具体例として，まず，多民族・複数人種が交錯するアメリカの異言語間のコード・スイッチング，そして，黒人と白人のあつれきが反映される場面，また対話への参加者の年齢や地位が反映されるコード・スイッチングなどを考察した。次に，対話者がお互いをどの程度の心理的距離でとらえているか，それが時間的経過のなかでどのように変わっていくのか，その揺れはどんなものかなど，コード・スイッチングの時間的な面を，ごく最近の映画での一連の会話を例に分析してきた。このふたつの軸をもった分析・説明は，アメリカ英語の

背景にある文化・社会と，その言語への反映を，社会言語学的に浮き彫りにしてきたものといえる。日本においても，西欧圏からだけではない外国人の姿が日常的になった今日，また日本人の海外進出が，日本の国際的な役割がますます増加している今日，対象とする言語の実際的な機能,姿を多面的に探究していくこのような試みが，さらに進んでいくことを願って，この章の結びとしたい。

(秋山高二)

注

(1) 対話中の "d'ja" は，"did you" の発音上の省略形である。このような音の連結（省略）は，口語では一般的であるが，ここでの警察官の一連の発話は,この発音も含めすべて高圧的である。

(2) Black 1 の発話中 "Beat the shit out..." の文章は，主語 "I" が省略されている。また，White 2 の発話の冒頭にある "Yo," は，間投詞で「よう，お前」の意味である。さらに Black 1 の最後の発話にみられる "felled" は，"fell" の意味で使ったものである。

(3) Black 1 の発話にある "dude" "busted" はともに俗語で，それぞれ "man" "arrested" の意味を持つ。

(4) ケイネルはコミュニケーションに必要な言語能力として，文法能力(grammatical competence)，社会言語学的能力(sociolinguistic competence)，談話能力(discourse competence)，（言語）戦略能力(strategic competence)の四つをあげている。このなかで，「場面・状況」に合わせた発話を生み出し，それを理解するものとして，社会言語学的能力が大きな意味を持つ。

参考文献

Canale, Michael. *From communicative competence to communicative language pedagogy* in Richards. J.C. et al, (eds.).

Language and Communication. New York: Longman, 1990.

Dillard, J. L. *American English* (rev.). Oxford: Oxford University Press, 1980.

Ervin-Tripp, Susan M. *Language Acquisition and Communicative Choice*. Stanford: Stanford University Press, 1973.

Fasold, Ralph. *Sociolinguistics of Language.* Cambridge: Basil Blackwell, 1990.

Fishman, Joshua. *The Sociology of Language*. New York: Newbury House Ltd, 1972.

Joos, Martin. *The Five Clocks*. The Hague: Mouton & Co, 1962.

Labov, William. *Sociolinguistic Patterns*. Philadelphia: University of Pennsylvania Press, 1972.

Lakoff, Robin. *Language and Woman's Place*. New York: Harper & Row Ltd, 1975

Trudgill, Peter and Jean Hannah. *International English*. London. Edward Arnold Ltd, 1985.

Wardhaugh, Ronald. *An Introduction to Sociolinguistics*. Oxford: Blackwell, 1992.

6 男ことばと女ことば

1. はじめに

　言語と性に関する研究は1960年代後半になって急速に発展した分野である。その発展は，社会の中の人間と言語の相関に注目する社会言語学が，地域，民族，社会階級，年齢などの他に，言語変異をもたらす重要な要素として性を加えるようになったことにもよるが，それにもまして，ほぼ時を同じくして本格化した女性解放運動（Women's Liberation Movement）による意識革命によって促進されたところが大きい。フェミニズムの視点からの言語の性差研究はアメリカから始まり，70年代以降にはほとんど爆発的ともいえる展開を示している。今や英語圏にとどまらず，ヨーロッパ諸国そして日本にもその影響が及んでいる。政治，経済，社会などの制度上の不平等の是正にとどまらず，言語に組み込まれている性差別を明らかにし，それを変革しようとする動きとなってきた。

　イギリスの代表的言語学者のひとりデビッド・クリスタル（Crystal, 1988）は著書『英語』の中で今日の英語について次のように言う。

　おそらく1970年以降英語に起こった最も重要な変化は，性差別の慣行と結果に対して社会がとってきた態度と関係するものであろう。一世代前には欠けていた認識であるが，今や言語がいかに男と

女に対する社会の態度を反映するものであるかは広く知られている。主たる批判は，男性中心的な世界観を作り上げ，不当な性差別をもたらして，社会における女性の地位を低下させてきた偏見に対して向けられている。アメリカの初期フェミニズムの大きな影響は，ヨーロッパの主要言語のすべてに及んでいるが，とりわけ英語は強い衝撃を受けてきた。[1]

このように言語と性をめぐる問題への関心は国際的な広がりをみせており，それだけによりよい異文化理解とコミュニケーションのために，その主要な道具である英語に生じている変化とその背景について知っておくことは必要であろう。本論では，主に英語に関して男ことばと女ことばの問題点をとりあげていくことにする。

言語の性差研究には大別してふたつの側面がある。ひとつは性による言語差異——その言語の使用者が男か女かによって生ずる差異を研究するもの，もうひとつは言語が男と女をどう描いているか，そこに見出される差異を明らかにするものである。それぞれの側面からの研究が深まるにつれて，両者には重要な関連があることが明らかになってきた。

2. 日本語の性差

言語の性差を取りあげる時，まずはっきりさせておきたい概念がある。これはアン・ボーディン（Bodine, 1975 a）が提案した区別で，ことばの使用がどちらか一方の性に限定されるという限定的性差（sex-exclusive differentiation）と，いずれの性にもみられるが，どちらか一方の性にその傾向がより強くみられという選択的性差（sex-preferential differentiation）である。[2]

日本語と英語と比較してみれば，このふたつの差異はわかりやすい。日本語には，人称代名詞（例：ぼく，おれ－わたし，あたし），

終助詞（例：～だぞ，ぜ－～なのよ，ね），感動詞（例：おい，やあ－あら，まあ）など限定的性差が多くある。英語は選択的性差しかない言語であり，「男ことば」「女ことば」の区分は見えにくい。社会言語学の入門書としてよく知られている著書の中でピーター・トラッドギル（Trudgill, 1974）は，英語には性別と結びつきやすい発音や語句がいくらかあるが，一般に性差は小さく，明白でなく，また無意識的なものであると述べている。[3]

英語における性差について論じる前に，日本語の男ことばと女ことばを概観しておきたい。筆者が聞いた大変印象的な発言をもとにして考えてみよう。ある同窓会の席上で挨拶に立った高齢の女性が，50年前の学生時代の寮生活を振り返って，「私どもは同じお釜のご飯をいただいた仲でございます」と言ったのである。20代から80代まで数十名の集まりで，かなりあらたまった雰囲気であったとはいえ，「同じ釜のめしを食った仲」という常套句が見事な（？）女ことばに変わっている。高い地位の女性が，丁寧度の高い表現を用いることによって自分の品位や威信を示す典型的な例であろう。[4] これがもし，例えば体育系クラブの合宿生活を懐かしむ男性の発言だったならば，（1a）のようになるだろう。

(1) a. おれたちは同じ釜のめしを食った仲だ。
    b. 私どもは同じお釜のごはんをいただいた仲でございます。

（1a）は典型的な男ことばであり，（1b）と著しい対照をなす。「おれたち－わたくしども」「釜－お釜」「めし－ごはん」「くった－いただいた」「だ－ございます」と短い文の中に5つもの同義語の組合わせがある。

人称代名詞「おれたち」は性限定的な男ことばであるが，「私ども」は性限定的な女ことばではない。男も女も使う謙譲語である。両者の中間に「私たち」がある。他に一人称複数形として「われわれ」があるが，形式ばった書きことばで，話しことばとしては演説

などで聞かれることはあろう。

　美化接頭辞の「お」「ご」の多用は日本語の女ことばの特徴である。これについては，およそ70年前デンマークの言語学者オットー・イェスペルセン（Jespersen, 1922）も世界各地の女性語について言及する中で，「日本の女は男よりずっと頻繁に使う」と注目している。[5] なお「釜」はそのまま「お釜」となるが，「めし」には接頭辞はつかず，「ごはん」と言い換えなければならない。「めし」「ごはん」にはそれに呼応する動詞も限定されてくる。「めしを食った」「めしを食べた」「ごはんを食べた」「ごはんをいただいた（いただきました）」はよいが，「*めしをいただいた」「*ごはんを食った」とは言わない。

　たいていの親はもし娘が「めしを食った」と言ったら注意するだろう。ちなみに筆者が女子短大生65名に家庭で注意されたことのあることば遣いを列挙させたところ，最も多かったのは「腹へったー」であった。

　文末には「だ」「です」「あります」「ございます」などがある。「あります」は演説口調であり，「ございます」は丁寧度が高く，男性もあらたまった場面では使う。また同じ場面でも，対話者の地位・役割に上下関係があれば（例：上司と平社員，顧客と販売員），下位者は丁寧体を使う。

　いっさいの日本語が（1a）（1b）のように男女の2種に分かれるわけではないが，日本語にはかなり体系的な区別があり，英語と比べて男ことばと女ことばの差が大きい。

　ただ現在は日常の話しことばにおいて，とりわけ若い世代では女ことばの特徴とされる文末形式や感動詞を耳にすることは少なくなった。性差とみなされていた違いの多くは，場面に応じた文体や丁寧さの違いであり，男女とも性中立的なことばになっている。ことばにおけるこのような変化が，社会における男女差の減少を背景としていることは確かだろう。

約10年の間隔をおいて2度日本に滞在し，日本語を観察・研究したボーディン (1975 a) が，現実にはことばの男女差がずっと小さくなっているのに，テレビや映画のフィクションの世界では女ことばと男ことばがいっそう明白になっている，と指摘しているのは興味深い。[6]

3. 英語の性差

　英語には (1 a) (1 b) にみられるような男女差はない。だから小説中の会話文の前後にhe said, she said などを頻繁にはさみ，対話者の性を明示する必要が生じる。それでは英語においては男ことばと女ことばの差はどのようなものなのだろうか。

　英語の性差研究の本格的出発点として高く評価されているロビン・レイコフ (Lakoff, 1975) の『言語と女性の地位』は，前述の性差研究の二側面から論考し，女性が自分をどのように認識し，その結果どのように「レディらしく」話すか，社会は女性をどのようにとらえ，それが言語にどう反映しているかを明らかにすることによって，性差別主義 (sexism) にメスを入れた。

　レイコフが列挙したアメリカの女性語の主な特徴をみてみよう。[7]

1．語彙の違い
   a．女性の関心事について豊富な語彙を持つ。例えば色彩語，服飾用語。
   b．女性特有の空疎な形容詞を使う。adorable, divine(素敵な), cuteなど。
2．断定調でよい場面で上昇調のイントネーションや付加疑問文を使う。例えば "When will dinner be ready?"（夕食はいつできる？）と問われ，答えるはずの女性が "Oh,...around six o'clock?"（そうねー，6時頃かしら？）と語尾を上げ，断定を避け

る。また付加疑問文の使用については、次のふたつの文を比較してみるとわかりやすい。

(2) a. The crisis in the Middle East is terrible.
　　b. The crisis in the Middle East is terrible, isn't it ?
(Coates, 1986 による)[8]

「中近東の危機はひどい」と断定する（2a）は男性が好み、「～ひどいですね」というような付加疑問文（2b）は、聞き手との摩擦を避けようとする女性が好むとレイコフは指摘する。
 3．各種のぼかし表現（hedges）を使う。例えば、I guess, I think（～と思います）とか、sorta（＝sort of）、kinda（＝kind of）（まあ、いくらか）などによって語調を和らげる。
 4．強調にはveryよりsoを用い（例えばI like him so much.）、感情の強さをぼかす。
 5．文法的に正しい表現を使い、乱暴なことば、罵りことば（例えば、damn「こん畜生」、shit「くそ！」など）を使わない。
 6．極めて丁寧な表現を使う。依頼表現でも命令文は用いず、would you please...?（どうぞ～して下さいませんか）のような丁寧体を使う。

レイコフが挙げたこれらの特徴は実証的研究に基づくものではなく、かなりイェスペルセン（1922）の挙げたものと重複している。総じて、女ことばは男性の権威に屈した弱者の、力のないことばと位置づけられている。女は自己主張を和らげ、正しく丁寧に、つまり「レディらしく」話すことを期待され、そうしなければ女らしくないといわれ、一方では女らしい話し方をすれば、今度は自己に確信が持てず、現実社会で責任ある役割を果たせない人間だとみなされるというのがレイコフの主張である。
　以上のような特徴のいくつかは、それ以前の社会言語学的研究に

よって例証できる。女の方が文法的に正しいとされる英語を使うという点では、多重否定文使用に関する研究を引き合いに出そう。例えば、標準英語で I don't want anything(何も欲しくない)というところを、同じ意味で I don't want nothing と否定を重ねれば非標準英語とされる。それを階級別、性別に使用状況を調査したものである。

多重否定使用率(%)

	上流中産階級	下流中産階級	上流労働者階級	下流労働者階級
男	6.3	32.4	40.0	90.1
女	0.0	1.4	35.6	58.9

(Trudgill, 1974 による)[9]

どの階級においても女の方が文法的に標準とされる形を用いる比率が高い。これと同じことは発音についてもあてはまり、女の方がより頻繁に標準とされる発音をすることを示す実証的研究は多い。

またレイコフが、女ことばに特徴的であると主張した付加疑問文についても、それを検証しようとする研究が相次いだ。しかしその結果には互いに相いれないところがある。例えば、デュボワとクラウチ(Dubois and Crouch, 1975)によれば、男女ほぼ同数が参加した大学の研究会での発言を録音したところ、集められた33例の付加疑問文のうち女性が使用したものはひとつもなかった。[10] ただしこの反論は、付加疑問文の数のみに注目し、会話場面におけるその機能の分析をとり入れていない点で問題がある。「～ですね?」というのが、単に情報の確認のためという場合もあり、必ずしも話し手の自信のなさを示すとは限らないからである。

エレーヌ・チェイカ(Chaika, 1982)は、学生が集めた家庭内の会話中の付加疑問文を集計・分析したところ、女性による使用が圧倒的多数を占め、それは祖母、母、娘の順に多く、世代間に差があったと報告している。[11] 若い世代が女性的な表現をすることが少

なくなったことを示していると思われる。

性とことばの相関を単純に取り出すことは困難であるが、これまで女ことばの特徴として挙げられてきたものの基底にあるのは、社会的場面において求められる「丁寧さ」である。一般に男より女の方が丁寧な話し方をすることは、日本語と英語のみならず、これまでに記述されている世界の多くの言語にみられる、いわば文化を超えた現象である。

4. 言語習得の性差とその結果

女のことばの方が丁寧であるという、この性差は何歳頃からどのようにして現れてくるものだろうか。

英語のことわざに "Boys will be boys"「男の子はやっぱり男の子」がある。同じように乱暴な振舞いをしても、男の子は許され、興じられることがあるのに対して、女の子は厳しくたしなめられる。ことば遣いにおいても同様なことが起きる。子供の言語習得に関する研究を概観してみると、言語使用上の違いは子供を取りまく言語環境の違いに起因することが指摘できる。

例えば、アメリカの子供についてのグリーソン (Gleason, 1987) の研究によれば、父親は母親よりも直接命令文（例えば下記3a）を多用し、女児に対するよりも特に男児に対して用いる傾向がある。また父親は母親より子供の発言をさえぎることが多く、父親、母親とも男児の発言より女児の発言をさえぎる傾向が強い。母親は命令を間接的に、疑問文の形（例えば3b, 3c）で行なう。明らかに男女で言語習得の過程においてモデルが異なるのである。子供は大人を見習って、自分の性にふさわしい言語使用パターンを習得する。既に4歳にして男児は成人男子のパターンを、女児は成人女子のパターンを身につけている。[12]

(3) a. Shut the door.
　　b. Did you shut the door?
　　c. Would you shut the door?

　学齢期以後の性別言語使用パターンの習得は，成人からの影響より同性の仲間グループとのつきあいの中で行なわれ，特徴的な性差を強化していく。これを男女別々の「文化」(culture)の習得ととらえる見方がある。幼児期に始まった性別言語使用のパターンは学齢期を経て成人期に至り，男女間のコミュニケーションに持ち込まれると，しばしば誤解や衝突を引き起こすことになる。男女間の対話は「異文化間コミュニケーション」とみなされるのである。[13] この見方は，男ことばと女ことばの特徴を際立たせ，女ことばを社会の中の非権力者のことば，劣ったことばとみなしているレイコフに代表される見方と対立するものである。

　一方は男女の話し方の違いを並列的に置き，その違いを相互に理解しあうべきものとするのに対して，他方は男女間の違いに見出だされる支配－服従の関係に注目するものといえよう。男女間の会話に関する研究にもそれぞれの見方を立証するものがある。後者の代表的なものとして，ジンマーマンとウエスト (Zimmerman and West, 1975) をとりあげたい。この研究は，成人の男同士10組，女同士10組，男女間11組の会話をひそかに録音し，分析したものである。その結果，相手が話し終わりそうな時に話し出してしまうという間違いの「重複」(overlap)と，相手の話しの最中に割り込んで，話す順番のルール違反を犯す「遮り」(interruption) について，次の表が示すような顕著な差がでた。

20組の同性同士の会話中の重複と遮り

	話し手A	話し手B	計
重複	12 (55%)	10 (45%)	22 (100%)
遮り	3 (43%)	4 (57%)	7 (100%)

11 組の異性間の会話中の重複と遮り

	男の話し手	女の話し手	計
重複	9（100%）	0（0%）	9（100%）
遮り	46（96%）	2（4%）	48（100%）

(Zimmerman and West, 1975 による)[14]

　同性同士の会話では，全部で重複が22回，遮りが7回で，会話参加者の間で均等であるのに，異性間の会話では，重複が9回，遮りが48回で，重複のすべてと遮りの96%が男から女に対して行なわれたものである。会話中の沈黙や相手の発言に対する反応についての研究結果も合わせてみると，女性は男性によって話す権利を奪われ，沈黙を強いられる状況が明らかになった。

　「女はおしゃべりだ」というのは揺るぎない固定観念のようであるが，言語と性差の研究者たちによって，女ことばに関するこのステレオタイプは否定されている。フェミニスト言語学者のデイル・スペンダー（Spender, 1985）は，「女のおしゃべりは男との比較によってではなく，沈黙との比較によって計られていた」と看破し，言語使用の場面において女に要求される沈黙と服従は，言語の中で女が見えない存在，あるいは従属的な存在となっていることと連続しているという。[15]

5. he/manことば

　言語に反映している男性中心的な世界観を最も明瞭に示す統語規則として，英語では三人称単数の総称代名詞として男性代名詞heを用いること，及び「男」の意味のman を性中立的に「人間」の意味でも使うことが挙げられる。女を見えない存在とし，排除するしくみを内在する言語が「he/manことば」と名づけられ，フェミニストたちによって改革を求められてきたのである。

次の文を比較してみよう。

(4) a. Everyone loves his mother.
　　b. Everyone loves his or her mother.
　　c. Everyone loves their mother.

英語では通性（男女共通の）名詞の単数形（child, adult, person, student, doctor など）や不定代名詞（everyone, someone, anyone など）は代名詞化する際に男性代名詞heを使うことが「正しい」とされてきた。(4b) はぎこちなく，文が続いてhe or she, his or herと繰返されるのは冗長であり，(4c) は単数形主語とtheir とでは「数」が不一致である．それに対して，(4a) は「数」とスタイルにおいてよしとされてきた。実際，言語における性差別を批判したレイコフ (1975) でさえ reader, sociologist, linguist, professor などすべてhe, his, him, himselfと男性代名詞で受けて，he or she としたのは，慣用的にshe で受けてきたteacher のみなのである。

しかしながらボーディン (1975b) はhe/manことばを正当化する規範文法成立の過程を検証し，(4c) が例示するような単数としてのtheyが19世紀以前は広く使用され，容認されていたこと，この使用を非とする規範文法にかかわらず，生き続けていること，従って単数のtheyを禁じるのは現実の使用状況に反することを示した。[16] ボーディンが挙げた教養ある母語話者の使用例に次のような文がある。

(5) Somebody left their sweater.
(6) Not a single child raised their hand.

問題となるhe/manことばを避け，男女を包括する表現にするために，例えば (7a) は (7b) へ，(8a) は (8b) へという言い換

えが行われる。[17]

(7) a. Man is a tool-using animal.
    b. Human beings are tool-using animals.
(8) a. Everyone should cast his vote.
    b. All people should cast their votes.

　差別表現を改めるためのガイドラインの中には，単数形代名詞としてのtheyの使用を積極的に勧め，"Ask everybody to open their books"の中のtheir を誤りとする純正主義者 (purists) もいるが，話しことばでは普通の表現であるし，書きことばでの歴史も長く，いまやあらたまった文においても一般化してきており，本物の英語(authentic English)であると明言しているものもある。[18]

　他方では，総称代名詞としてのheはshe を含むとみなす伝統的規範文法を固守する立場がある。さる高名な言語学者は，妊娠中絶について見解を問われた時，"I believe it's strictly a matter between the patient and his doctor" と答えた。[19] 確かにpatient（患者）は通性名詞であるが，この場合は「妊婦」であり，his で受けることには強い違和感がある。三人称単数総称代名詞をめぐる問題は古くて新しい問題であり，he, they, he or she のいずれを用いるのかまだ議論は分かれているが，少なくともその選択が社会そして言語の中に男女をどう位置づけるか，話し手の（意識的にせよ無意識的にせよ）態度の表明となっている。

6. 男女ペア語の非対称性

　次のような各組の語は一見したところ男女の対称語であるが，実際の使われ方，受け取られ方は対等ではない。その非対称性は，男と女に対する社会の態度の違いを反映しており，日頃何気なく使われている語であるだけに，注意を要するものである。

boy —— girl
man —— woman
gentleman —— lady

　一般に boy が成人男性を呼ぶのに使われることはない（特に黒人の成人に対する boy は禁句である）のに対して，girlはどの年齢の女性にも使われている。成人女性にgirlを用いるのは，若さを強調する意味が含まれており（時には若く見られることを喜ぶ女をくすぐる効果があり），その実は，そう呼ばれる女性に軽々しさ，未熟さ，無責任というイメージを与え，権威の支配下に置かれる存在であることを暗示する。従ってman の対称語としてwoman を使うべきところで，girlを使うのは性差別とみなされる。企業におけるマナーを教える本も，男性社員を指して"the men in our firm"と言うならば，女性社員は"the women in our firm"と呼ぶべきであって，"the ladies in our firm", "the girls in our firm"まして"the gals in our firm"を使うことを禁じている。[20] 日本の企業で女性社員がしばしば「うちの女の子」と呼ばれることと共通の問題がある。

　あまりにも成人に対するgirl使用が定着し，成人女性自身も自分をgirl（女の子）と呼んでしまうことも珍しくない。オーストラリアの元首相夫人が経済について質問され，"Oh, come on, you're talking to a girl now"と言って答をはぐらかした時，[21] 自分をgirlと称したのは象徴的である。

　「秘書，助手」の意味の男女を指す英語にman Fridayとgirl Friday がある。男はman を付し，女はwomanでもladyでもなく，girlが付される。man とgirlがペアにされている一例である。

　それではgentleman とladyは対称的に使われているのであろうか。男女の聴衆に呼びかける時の"Ladies and Gentlemen!"や"behave like a gentleman"（紳士らしくふるまう）のような慣

用表現を除けば，現在gentleman の使用は極めて少なく，man が広く使われている。それに対してladyは，gentleman とペアを組むこともあるが，日常的にずっと多く見かけるのはman とのペアである。衣料品セールの標示にmen's wearとladies' wear が並んでいるのはほんの一例である。

レイコフ（1975）は「女」を表す語 girl, lady, womanを比較・検討し，woman には性的な意味合いがあるために，ladyがそれに代わる婉曲表現としても使われているが，一方ladyは指示対象を些少化すると述べている。[22] ladyもまた相手を持ちあげながら，実は無力で，現実生活から遠ざけられた存在という意味あいを持つ。今日フェミニストたちは自らをwoman と呼び，そう呼ばれることを望む。しかしフェミニスト運動の外にいる者にはwoman はぶっきらぼうで上品さに欠ける語感があり，使うことに抵抗を覚える。少なくとも当人のいるところでは，その女性をwomanと呼びにくく，ladyを用いるという。

「男」については，書きことばにおいても話しことばにおいても，man ですむのに対して，「女」については，少なくともwoman, lady, girlがそのさまざまな含意のために，文脈に応じて使い分けられるという不均衡がある。

7. 呼称にみる性差別

英語に見出される明白な性差別の中で，激しく異議の申し立てがなされ，新語を作ることによって改革が実行されたのが，称号である。男性の称号が既婚・未婚を問わずMrであるのに対し，女性は未婚ならばMiss，既婚ならばMrsと区別されてきた。スペンダー（1985）は「Miss, Mrs は男の便宜のために女に貼るレッテルである」という。[23] この差別を排し，男性の称号Mrに対応する女性の称号Msの使用を要求する運動が始まった。Ms使用に対しては，

強力な支持から冷笑，拒絶に至るまで，男女双方からあらゆる反応があったが，フェミニスト向けの雑誌 *Ms*（創刊1972年）の人気との相乗効果もあって，次第に社会に定着してきた。辞書にも載録されるようになった。現代を代表する英語学者ランドルフ・クワーク (Quirk, 1986) は「世界中の入国審査用の書式に女性の称号Msが選択肢として用意されるとは，10数年前には誰が予測したであろうか」と振り返る。[24]

しかしながら，Ms使用が提唱された意図は，Miss, Mrsを廃止して，MrとMsを対等に扱うことであったにもかかわらず，現在は女性の3つの称号が共存している。各種の書式を調べてみると，記入者用の称号欄に(1) Mr/Miss/Mrs, (2) Mr/Miss/Mrs/Ms, (3) Mr/Ms/Mrs (4) Mr/Msの4種類がある。筆者の調査では (2) タイプが最も多く，当初の意図を実現する (4) タイプは少ない。称号の選択にあたって，男性は依然としてMrだけであるのに，女性のみがしばしば選択を要求される。それも従来のMiss, Mrs のふたつでなく，Ms が追加されて3つの選択肢からである。

さらに問題なのは，その場合Msがどのように解釈されるかということである。ケイト・ポイントン (Poynton, 1989) によれば，Msにはさまざまな解釈があり，単に未婚か既婚か不明の場合もあれば，事実婚の関係にある女性，離婚した女性，未亡人，あるいはレズビアンを指す場合もあり，また多くの人にとってMsはフェミニストを意味するという。[25] いずれの解釈をとるにせよ，新たに作られた称号によって女はより細分化され，ドワイト・ボリンジャー (Bolinger, 1980) の表現を借りるならば，「無標の語を獲得しようとする努力は，単に新しい別の形の有標性を生み出した」[26] ことになったともいえよう。それだけに，スペンダー (1985) は「もし称号を使うとすれば，すべての女がMsを使うことが極めて重要な意味を持つ」と強調する。性別称号使用の慣習を根底から変えるのは容易ではない。

呼称に関して指摘されるもうひとつの性差別は，しばしば男は姓

（ファミリー・ネーム）で，女は名前（ファースト・ネーム）で呼ばれる図式である。

ファースト・ネームの使用は，それが対話者間で相互に行なわれるのであれば，親しさを示すものである。しかし男性が姓に称号（Mr, Dr, Professor など）を付した形式で呼ばれる場面で，同等の地位・資格を持つ女性がファースト・ネームで呼ばれるのが問題なのである。これは例えば雇用者と被雇用者，医師と患者のような上下関係が，対等であるはずの男女の関係に持ち込まれたことを意味する。あるいは大人は子供に対して自由にファースト・ネームで呼べるという呼称のルールを成人の男女の関係に持ち込んだとも言える。成人女性をwomanでなくgirlと呼ぶことと通じるものである。

日本に住む外国人女性からよく聞く不満のひとつに，このファースト・ネームによる呼び方がある。親しい間柄の印としての相互使用ではない状況で，外国人，特に女性に対して安易にファースト・ネームを使う傾向があるようだ。新聞・テレビなどにおいても，男女の名前の扱いに不統一・不平等が目立つ。

8. ことばの非差別化

言語は社会を反映するものであり，また形づくるものでもある。男女平等を求める世界的な動向と現実社会への女性の進出は言語に反映され，また言語の変革をもたらした。

まず女性も見える存在とすることである。コミュニケーションの場で，ある話し手がman, menを「人」の意味で使い，聞き手がそれを「成人の男」と受けとめれば，話し手の意図は正しく伝わらない。現在は，例えば報道記事の中の「政府は経験者からの助言を得るべきだ」という文脈で"experienced men and women"と男女が並列的に扱われるようになっている。日常の発言の中に"man and woman""he or she"を聞くことも多くなった。

　言語の中の性差別を排する方法として，男女を並列し，女を可視的に表現することの他に，必要以上に性別を明示し，性役割意識を強化・固定化させるような表現を避け，性中立的な表現への改革が進められた。そのためのガイドラインが政府機関，出版社，各種団体組織などさまざまなところから出ている。その具体的な提言の数例を紹介しよう。[27]

実例	言い換え語
policeman, policewoman	police officer
fireman	fire fighter
steward, stewardess	flight attendant
chairman	chair, chairperson
mailman	mail carrier
the common man	average people
man's achievement	human achievement
lady doctor	doctor

　このような言い換えをめぐってはすべてが容易に受容されたわけではない。S.I.ハヤカワ（Hayakawa, 1985）のように「性差別的な用語を無批判に使っても，差別的態度はいっさいない人もいる。そういう用語を使うか使わないかは，それに対応する態度の有無とは必ずしも関係がない」と考え，修正の必要があると思う人が自分自身の基準に沿って個々に調整すればよいという見方もある。[28] しかし，ことばが持つ否定的作用を洞察したボリンジャー（1980）の書名が*Language — The Loaded Weapon*（邦訳『凶器としての言語』）であることに示されるように，差別用語は，それが人種差別であれ性差別であれ，被差別者に対して人間性を否定する武器となりうるのである。社会の変革が言語の変革を作り出すのであって，その逆ではないという主張もあるが，言語が変革されて，それまで

見えなかったものが明らかになり，社会が変わることはある。そして英語においては大きな流れとして非差別化へと確実に動いてきたのである。

9. おわりに

　言語と性に関する問題を英語を中心にふたつの側面 —— 男女が使うことばと男女についてのことば —— から論じてきた。

　この章の表題は「男ことばと女ことば」となっている。しかし本論の記述の重点は「女ことば」に置かれている。それはこの分野の研究が女性解放運動と連動し，従来の男性中心的な視点からの言語研究への見直しの形をとって，女性語研究が広がり，深まっていることによる。

　イェスペルセン（1922）の『言語 —— その本質・発達・起源』は女性語についてまとまった言及のある最初の本とみなされている。その中に「女」(The Woman)という章があるが，それに対応する「男」(The Man)という章はない。言語を論じる時，男性語が言語そのもの (*the* language) であり，女性語は周辺的な言語とみなされたのである。

　アメリカのフェミニズムに始まり，現在の興隆をみせている女性語研究も，その男性中心的見方への批判から始まり，大きな影響を及ぼしているが，まだまだ欧米中心である。世界各地の文化の違いによる男女の関係のありようと，それを反映する言語について，さらに研究が広まり，その成果が示されるならば，異文化理解とコミュニケーションはもっと豊かになるに違いない。

（高橋みな子）

注

(1) Crystal 1988, p.256.
(2) Bodine 1975 a, p.131.
(3) Trudgill 1974, p.90.
(4) 井出祥子・井上美弥子「女性ことばにみるアイデンティティー」『月刊言語』(大修館書店) 1992 年 9 月号.
(5) Jespersen 1922. Reprinted in Cameron (ed.) 1990, p.208.
(6) Bodine 1975 a, p.147.
(7) Lakoff 1975, pp.8-19 & pp.53-56.
(8) Coates 1986, p.103.
(9) Trudgill 1974, p.91.
(10) Dubois and Crouch 1975.
(11) Chaika 1982, p.214.
(12) Gleason 1987, pp.189-199.
(13) 参照： Maltz and Borker 1982 及び Tannen 1990.
(14) Zimmerman and West 1975.
(15) Spender 1985. れいのるず＝秋葉訳『ことばは男が支配する』pp.69-87.
(16) Bodine 1975 b.
(17) Hayakawa 1974. 大久保訳『思考と行動における言語』p.218.
(18) Oxford University Press, 1987. *Guidelines for Inclusive Language*.
(19) Wolfson 1989, p.166.
(20) Baldrige, L. 1978. *The Amy Vanderbilt Complete Book of Etiquette : A Guide to Contemporary Living* (New York : Doubleday), p.728.
(21) Poynton 1989, p.56.
(22) Lakoff 1975, pp.19-27.

(23) Spender, 邦訳前掲書, p.45.
(24) Quirk 1986, p.134.
(25) Poynton 1989, pp.41-43.
(26) Bolinger 1980. 小野塚ほか訳『凶器としてのことば』, p.178.
(27) 参照： Miller and Swift 1980 及び Maggio 1987.
(28) Hayakawa, 邦訳前掲書, p.219.

参考文献

Bodine, A.1975 a." Sex Differentiation in Language" in Thorne and Henley (eds.), 1975

Bodine, A. 1975 b. "Androcentrism in prescriptive grammar： singular 'they', sex-indefinite 'he' and 'he or she'" *Language in Society*. 4：129-146.

Bolinger, D. *Language: The Loaded Weapon*. London:Longman, 1980 (邦訳『凶器としてのことば』小野塚裕視ほか訳．こびあん書房, 1988)

Cameron, D. *Feminism and Linguistic Theory*. London: Macmillan, 1985, (邦訳『フェミニズムと言語理論』中村桃子訳．勁草書房, 1990)

Cameron, D. (ed.). 1990. *The Feminist Critique of Language*. London：Routledge.

Chaika, E. 1982. *Language*: *The Social Mirror*. Rowley, Mass. : Newbury House.

Coates, J. 1986. *Women, Men and Language*. London: Longman. (邦訳『女と男とことば』吉田正治訳, 1990, 研究社)

Coates, J, and D. Cameron (eds.) 1988. *Women in Their Speech Communities*. London: Longman.

Crystal, D. 1988. *The English Language*. London：Penguin Books. (邦訳『英語－きのう, 今日, 明日』豊田昌倫訳, 1989,

紀伊国屋）

Dubois, B. L. and I. Crouch. 1975. "The question of tag questios in women's speech： they don't really use more of them, do they?" *Language in Society.* 4：289–294.

Gleason J. B. 1987. "Sex differences in parent-child interaction" in Philips, S. U., S. Steele and C. Tanz (eds.). *Language, Gender, and Sex in Comparative Perspective.* Cambridge： Cambridge University Press.

Hayakawa, S. I. 1972. *Language in Thought and Action*, 4 th Ed. New York：Harcourt Brace Jovanovich.（邦訳『思考と行動における言語』大久保忠利訳, 1985, 岩波書店）

井出祥子．1993．「世界の女性語・日本の女性語」『日本語学』5月臨時増刊号　明治書院

Jespersen, O. 1922. *Language：Its Nature, Development and Origin.* London：Allen and Unwin. Reprinted in Cameron (ed.), 1990.

Lakoff, R. 1975. *Language and Woman's Place.* New York：Harper and Row.（邦訳『言語と性－英語における女の地位』かつえ・あきば・れいのるず／川瀬裕子訳, 1985, 有信堂）

Maggio, R. 1987. *The Nonsexist Word Finder：A Dictionary of Gender-Free Usage*, Phoenix： Oryx Press.（邦訳：『性差別をなくす英語表現辞典』笠井逸子訳, 1990, ジャパン・タイムズ）

Maltz, D. N. and R. A. Borker. 1982. "A Cultural Approach to Male-Female Communication" in Gumperz J. J. (ed.) *Language and Social Identity.* Cambridge：Cambridge University Press.

益岡隆志・田窪行則．1992『基礎日本語文法－改訂版－』くろしお出版

Miller, C. and K. Swift. 1980. *The Handbook of Nonsexist*

Writing, 2 nd Ed. New York：Harper and Row.

Poynton, C. 1989. *Language and Gender*：*Making the Difference*. Oxford: Oxford University Press.

Quirk, R. 1986. *Words at Work*. London：Longman.

Smith, P. M. 1985. *Language, the Sexes and Sosiety*. Oxford：Basil Blackwell. (邦訳『言語・性・社会』井上和子ほか訳, 1987, 大修館書店)

Spender, D. 1985, *Man Made Language*, 2 nd Ed. London：Routledge & Kegan Paul. (邦訳『ことばは男が支配する』れいのるず＝秋葉かつえ訳, 1987, 勁草書房)

Tannen, D. 1990. *You Just Don't Understand*：*Women and Men in Conversation*. New York：Ballantine Books.

Thorne, B. and N. Henley (eds). 1975. *Language and Sex*：*Difference and Dominance*. Rowley, Mass.：Newbury House.

Thorne, B., C. Kramarae and N. Henley (eds). 1983. *Language, Gender and Society*. Rowley, Mass.：Newbury House.

Trudgill, P. 1974. *Sociolinguistics*：*An Introduction*. Harmondsworth：Penguin Books.

Wolfson, N. 1989. *Perspectives*：*Sociolinguistics and TESOL*. New York：Newbury House.

Zimmerman, D. H. and C. West. 1975. "Sex Roles, Interruptions and Silences" in Thorne and Henley (eds), 1975.

7 文化とメタファー

1. はじめに

　「異文化間の壁」とは，異なる文化の間ではコミュニケーションなどに障害があることを意味する。このようにある事物や概念を他のものにたとえることをメタファー（隠喩）を用いて表現するという。隠喩以外にも，新人を「新顔」というように，人をその身体の一部である「顔」を用いて表現する場合がある。その他，さまざまな比喩表現があるが，広い意味でのメタファーはこれらのものをすべて含む。さて，1970年代までは，メタファーは単なる，詩などにおける文学上のテクニックであるとか，弁論上の技術，すなわち，いわゆるレトリックであるとしか考えられていなかった。そのため，言語学や哲学のような，ことばを研究する学問ではあまり注目されなかった。しかし1980年に，アメリカの言語学者であるレイコフ，ならびに，同国の哲学者であるジョンソンが共著でメタファー論を論じて以来，一躍，メタファーに強い関心が注がれることになった。このふたりにいわせれば，後に詳しく述べるように，メタファーは言語表現上の問題であるのみならず，私たちの概念形成の基本になっているというのである。

　そこで，この章では，日本語と英語を例にとり，人間のもつ概念の基本と大きくかかわりを持つメタファーを分析することにより，それぞれの言語の背景にある共通性と文化的相違性を示すことにす

る。前半で，レイコフとジョンソンを主に参考にし，メタファーの特徴とその役割を説明し，後半で，日本語と英語をてがかりにメタファー表現を対照し，それらの共通性と文化的差異について述べる。ここでは，特に，後者の点，すなわち，伝統的な文化がメタファー表現に反映されている面に主として注目する。

　いずれにせよ，メタファーは私たちの概念の構造を理解する助けになるのみならず，以下の引用からもわかるように人の運命を左右する力のあるものである。したがって，今後メタファーはますます注目されることになるであろう。

　　隠喩は人を殺すことができる。湾岸地域で戦闘に突入すべきかどうかをめぐってくり返される発言は，メタファーのパノラマである。ベーカー国務長官は，サダムがわれわれの経済の'生命線'の上にすわり込んでいるとみなしている。
　　（レイコフ，高頭訳「隠喩と戦争」）

2. メタファーとは

(定義)

　隠喩は，先の引用からもわかるように政治スローガンに用いられ，時には「人を殺すことができる」ほど力がある。さてそれでは，隠喩とは，いったいどんなものであろう。古代からさまざまな隠喩に関する定義が行われているが，ここでは，レイコフ＝ジョンソン(1980)流の定義に従う。このふたりの定義によれば，隠喩とはある分野のことがらを別の分野のことがらでとらえることであるという。例えば人間の身体とその機能の分野は機械の分野に属する物にたとえられる。具体的にいえば，人間の脳と精神は，それぞれ，コンピュータのハードウェアとソフトウェアにたとえられるのがそ

の例である。逆に，コンピュータの用語には人間の分野のものがよく用いられている。メモリー，コンピュータ・ランゲージなどがこの例である。その他，人間あるいは人間の身体部分が機械にたとえられる例は多い。最近のジャパン・タイムズの投書欄には，husband（夫）を社会のcog（歯車）にたとえたものがあった。一般的には，人は，隠喩により，抽象的な分野のことがらをより具体的な分野のことがらでとらえる傾向がある。先にあげた，謎の多い人間の精神をコンピュータのソフトウェアにたとえるのもその例である。考えの分野のことがらを料理の分野の語彙でとらえるのもこの傾向を反映しているといえる。いろいろな考えのなかからひとつの考えを選ぶことを「ごちそうのなかから一品選ぶ」と言った人がいるが，これもその例といえる。また，「その点を考えの糧にする」の「糧」もそれにあたる。

メタファーの種類

一般にメタファーとか比喩表現という場合には，前節で述べた隠喩を指す場合が多い。
しかし，比喩表現には隠喩以外にもいろいろなものがあるし，隠喩もさらに細かく分類されることがある。人以外のものを人にたとえる擬人化表現は後者の例である。例えば，タイム1993年12月13日号には，以下のように，アメリカの景気が徐々に回復してきているということを報道する記事のなかで，ある程度国民の経済的な余裕が出てきていることを「財布が太る(fatter)」といっている．

It's not like the 1980 s, but a steady surge is finally cutting unemployment and making wallet a bit fatter.

　（1980年代ほどでもないが，着実な景気回復のため，失業は減り，人々の財布はいくぶん厚くなってきている［文字通り訳せば，「財布が少し太ってきている」となる］）

ところで，擬人化とは逆に，人を動物とか物にたとえることもある．代表的な例は，人を軽蔑する時に使う「狼」「狸」「狐」などである．また，女性論関係の書物には，妻あるいは母が「子づくり機械」(baby machine)におとしめられているという表現がよく出てくる．

さて，隠喩以外の比喩表現は，文学や哲学の文献に多々とりあげられているが，ここでは，メトニミー（換喩）と呼ばれているものをレイコフ＝ジョンソン(1980)を参考にし説明するのにとどめる．メトニミーとは部分で全体を表わしたり，ある特徴や属性で全体を表わすものである．

あるものの一部で全体を表わす例は，英語でsail（帆）でship（船）を意味するというものがよく知られている．これをさらにシネクドキー（提喩）と命名し，他のものと区別する場合がある．一部で全体をとらえるやりかたは，なにも言語表現に限られたことではない．日常生活においても私たちはそのようなやりかたで考えることが多い．例えば，顔や態度でその人全体を判断してしまう傾向があるが，これもその例である．また，十字架がキリスト教を連想させるなど，宗教界のシンボルなども，一部で全体をイメージする人間の能力を巧みに利用している．

ある属性や特徴で全体を表わす例はよくマスメディアに登場する．以下の例はそれぞれ，Washington（ワシントン）とPyongyang（ピョンヤン）という首都名でその国の政府を表わしている．

Washington considers hard-line options as the North balks at inspection of nuclear sites. (Time, December 13, 1993)
（ワシントン［アメリカ政府］は北朝鮮が核査察に対して，はっきりした態度を示さないので強硬策をとることを考えている）

Pyongyang might feel cornered and lashed out. (同上)

(ピョンヤン［北朝鮮政府］は，ひょっとすると追い詰められ，ののしられているような感じがしているであろう)

五角形の建物であるアメリカの国防省がPentagonといわれるのもメトニミーの例である。
その他，クリントンとかサダム・フセインというようなその国の元首名でその国の政府を表わすのも同じやりかたである。これらは，レイコフ＝ジョンソン(1980)が指摘しているように，私たちが「他のものと関連づけて考えることができる」というメトニミー的思考法をもつということを裏付けるものである。

メタファーの役割

メトニミーの場合を除いて今までは言語表現のみに注目してきた。しかし，狭い意味でメタファー，すなわち，隠喩はなにもことばのあやとして用いられるだけではない。さらに根本的な隠喩ならびに隠喩的思考法もあわせてここで隠喩の役割・機能について論じてみたい。

a. 隠喩は概念形成の基本となる

私たちは「議論を戦わせる」「彼の弱点を攻撃する」「自分の立場を守る」「この戦略で彼を論破する」というように戦争に関係した用語をよく使う。レイコフ＝ジョンソンによれば英語でもI demolished his argument.〔私は彼の議論を粉砕した〕というような戦争に関係した表現がよく使われるということである。彼らにいわせれば，これは私たちが「議論は戦争である」という概念を持っているためである。また，議論する時に建造物関係の表現が用いられることが多い。英語でも同様だが，「議論を構築する」とか「議論の枠組み」「その議論は土台がしっかりしていない」ともいう。これは，私たちが「議論は建造物」であるという概念を持って

いる証拠である。理論に関しても同様である。その他，私たちはさまざまな隠喩的概念を持っているといえるが，この点はレイコフ＝ジョンソン(1980)を参照されたい。特に同書の前半はこのことを詳しく論じている。したがって，いろいろなことがらを理解する場合も，私たちはこのような隠喩的概念を用いて理解することが多い。それゆえ，社会的な隠喩の概念を分析すればその社会の傾向をとらえることができる。ジョンソン(1993)はこのような考えに基づき，過去から現代までの道徳観の分析を試みている。

b. 学説の形成

電流を川の流れにたとえるなど，以前から，自然現象や社会現象を理解するために隠喩がよく用いられてきた。いいかえれば，メタファーは学説を形成する場合によく用いられてきている。例えば，医学においては，「人間は機械である」という隠喩的概念を用い，治療を行ってきた。そのため，病気をなおすためには，部品の欠陥部分の切除ともいえる手術が行われたし，投薬も，欠陥部品ともいえる患部のみをなおす目的で行われてきた。ジョンソン(1987)によれば，現在，この「人間は機械である」という概念的メタファーより支配的になってきているのは，病気は「損傷をものともせず組織の・・・バランスを維持しようとする戦い」であるという学説である。このため，手術や投薬も身体の全体的な関係を考えて行われるという。食事療法や運動の重要性が強調されるのもこのためであろう。

心理学や精神分析においても隠喩的観念はよく用いられる。河合隼雄氏は，日本の社会や家庭にカリスマ的な中心的人物がいないという特徴を「中空構造」にたとえている。また，河合(1992)は，家庭を「気象」にたとえている。これは，現代の家庭においては，妻やその他の家族の気分の移り変わりに常に配慮していないと，とんでもない家庭的な問題が起きることを示すために用いられたたとえ

である。すなわち，家族の気分の変化を「嵐」など天気の変化にたとえているのである。

　上記のものは，ほんの一例にすぎないが，自然科学においても社会・人文科学においても，ある概念をとらえるためにメタファーがよく用いられる。このように，メタファーはとらえにくい社会現象や自然現象を把握する助けとなる。また，利沢(1985)で指摘されているように，メタファーは「今まで見えなかったものを見えさせる力をもっている」のである。すぐれた文学作品，特に詩は，普通は意識できない私たちの深層心理の一面を見えさせてくれるものといえよう。

メタファーの特徴

　人間はすべて身体をもちその身体の一部である脳の働きにより，さまざまなことを考えたり，感じたり，行動する。例えば，幼少のころからバランスを取って歩くことを身につける。また，自転車の乗り方を覚える時にも，バランスの取り方を覚えてゆく。このような経験から私たちは，バランスという観念を身につける。この基本的な観念もかかわり，「目には目を」とか「東西の力の均衡」というようなメタファー的な観念が生まれる。あるいは，屋内外を毎日行き来することによって，自分の行動には出発点と途中の経路と終点があるという概念を獲得する。この概念が影響し「人生は旅である」という観念が生まれ，これと関連した比喩表現も日英両語に生まれてきているといえる。

　その他，さまざまな経験により私たちは基本的な概念を身につけていく。例えば，ある家に生まれ，母親にだかれるなどして家族の絆という観念を身につけ，それを社会的な関係にまで拡張して考えるようになる。また，兄弟げんかなどいろいろな関係を家族間で経験することにより，家族関係に関する基本的なイメージが身につく。その結果，このイメージを基にして，社会の階層関係や国家体

制も理解するようになる。国王や大統領などが「父(Father)」とか「国父(Founding Father)」に，国民が「子」にたとえられるのも，このような幼少から身につけてきた観念がかかわって生まれてきたといってもよい。このように五感や家族的経験により私たちはさまざまな観念を身につけていく。それを基にしてさまざまなメタファー表現が生みだされる。五感による経験や家族的経験は，細部において相違はあろうが，共通性が強い。これが，日本語にも英語にも似たメタファーがあるひとつの要因である。

ところで，類似した経験により同じようなメタファーが生まれる一方で，異なるメタファーがそれぞれの言語にあるのはどうしてであろう。その一因は，たとえ同じ事物でも異なる特徴に焦点を当てるためである。例えば，アメリカに関していえば，民族事情に焦点をあてたmelting pot(人種のるつぼ)，salad bowl(サラダボウル)というようなメタファーがある一方で，国際政治に焦点を当てたGlobo Cop(世界の警察) というメタファーもある。また，経済面に焦点をあてたU.S. Inc. (アメリカ株式会社) という表現もある。このようなことが原因で各言語のメタファーが異なってくる。すなわち，焦点の当て方で異なるメタファーが生まれてくることがある。

さて，メタファーはある部分的特徴に焦点を当てるということは，逆の見方をすれば，メタファーはある事物の他の特徴をおおいかくす性質も持つということである。先にサダムという元首名で国家・国民を表わすメトニミーの例をあげたが，アメリカはサダムをさらにヒットラーにたとえることによりイラクの悪質性を強調した。こうなると個々のイラク国民は無視され，イラク国民はすべて悪者であると取られるおそれが出てくる。また，クウェートのほうは「子ひつじ」とでもいういじめられ役にたとえられることにより，クウェートが地下からイラク領内の石油を掘っていたという事実などはおおいかくされ，さらにイラクの"悪質性"をきわだたせ

ることになる。そのようなやり方で，アメリカ政府はイラク攻撃を正当化しようとした。当然，アメリカはヒーローということになる。この点はレイコフ(1991)に詳しく論じられている。このように，メタファーは焦点を当てた部分のみをきわだたせ，他の面をおおいかくす特徴がある。「サダムが我々の経済の'生命線'の上にすわり込んでいる」と言ったほうが，その内容を客観的に説明するよりは，いわゆる政治スローガンとしてはるかに効果的なのである。以下のようなことがいえる。メタファーはある部分のみに焦点を当てることが多いので他の面が隠されてしまう。このため，政敵などをおとしめる政治的スローガンに使われることが多い。したがって，事実をとらえようとする場合は，ひとつのメタファーだけではなく別の点から焦点を当てられている複数のメタファーを検討する必要がある。

　この節の検討から次のことがいえる。人間は類似した脳の機能を持ち，生まれてから類似した身体経験をするため，日本語にも英語にも似たメタファーがみられる。しかし，同じことがらに対しても，どこに焦点を当てるかによって，異なる言語には異なるメタファーが生み出される。政治的スローガンはこの点を巧みに利用している。

文化とメタファー

　文化とは何か，ということは，非常にとらえにくい。ここでは，その国あるいはその民族の事物，政治・経済・思想・宗教などと考えることにする。このような観点から文化とメタファーのかかわりを見ていくことにする。

　さて，科学技術の進歩，特に衛星放送など通信の発達により各国の情報が容易に得られるようになってきている。また，少なくとも先進国は類似した資本主義形態をとっている。さらに，先に述べたように，人間は同じような脳のははたらきを持ち，似たような身体

経験を幼少のころからする。そのため、英語にも日本語にも類似したメタファーが多々みられる。例えば、「時は金なり」という概念は日本人もアメリカ人も持っている。また、Time flies like an arrow.（光陰矢のごとし）という表現も共通のものである。さらに、最近のタイムのTHE WORLD MOVES NOT LIKE AN ARROW, BUT A "boomerang."（世界は矢の如く変化するのではなく、ブーメランのようにゆりもどしがある）という見出しも、歴史は繰り返す、とか、ゆりもどしがあるものだという観念を私たちが持っているので理解できる。

しかし、伝統的な文化的な差異によって、異なるメタファーが生まれてくることがある。具体的にいうなら、伝統的な物、宗教、慣習などの相違、あるいはそれらに対して持つイメージの違いにより、異なったメタファーが生み出される。さらに、ほぼ対応した二言語間の語彙で表わされる表現に対しても、異なったイメージでとらえられることがある。この点は、以下の節で詳しく述べるので、ほんの数例あげるにとどめる。

先に建造物のメタファーは日本語でも英語でもよく使われることを指摘したが、ここでまずdoorと「戸」を例とし考えてみよう。聖書の一節にはI am the door ; if one enters by me, he will be saved...（私は門である。私を通って入るものは救われる）となっている。ここで、注目すべき点は英語では、doorになっているが日本語の聖書の新共同訳では「門」となっている点である。英語でもdoorのかわりにgateを用いているものもあるが、「戸」と訳されている日本語の聖書はひとつもない。また、doorは新聞・雑誌などで頻繁に使われるが、日本語の「戸」はメタファーとしてはほとんど使われることがない。ここで、どうしてこのような日本語と英語との差異が生まれるかを考えてみよう。doorがメタファーとしてよく使われるのは、英米では、庭を囲う塀や壁や垣根などが一般になかったり、低く、これが内外の境界であるとはイメージさ

れず，建物の壁が境界と感じられるためである。壁に取り付けてあるdoorも同様に内外の境界と感じられ，doorもシンボル性が強く感じられる。一方，日本の伝統的家屋における境界は庭を囲う高い塀や壁である。従って，内外の境界として「戸」のシンボル性は，英米のdoorよりも低い。この点がメタファーとしての両者の使用頻度に影響しているといえる。

　さて，ギリシャの列柱建築のイメージからきていると思われるpillar（柱）と「大黒柱」「柱」はどうであろう。クリントン大統領の就任演説にも…our people have always mustered the determination to construct from these crises the pillars of our history.（われわれは，そういう危機から歴史の柱となるものをつくりあげる決意をつねにおこたらなかった）というように，pillarはよくメタファーとして使われる。また社会や団体の中心人物という意味でもよく使われる。しかし，「大黒柱」とは異なり家の中心人物という意味では用いられない。これはどうしてであろう。その理由は，明治以後日本では，国家の中心人物，すなわち，大黒柱である天皇と国民を親子関係にたとえると同時に，この関係を家庭に当てはめ，父を「大黒柱」とする，家制度を築こうとしたためである。その証拠として明治より前の文献には父を「大黒柱」にたとえた例はひとつもない。このように，国家の政策が日本語と英語のメタファーの差異に影響することがある。また，キリスト教と仏教という宗教的な相違が影響することもある。例えば，英語では母をangel, Madonna, goddess などにたとえるが，日本語では「菩薩」「観音」などにたとえる。このように，国際化が進み，共通するメタファー表現も多くなったが，伝統的な文化的差異により，各言語で別個のメタファーが使われているのも事実である。この点を以下の節で詳しく論じる。

3. 具体例による検証

次に、具体的な事例を挙げて英語と日本語のメタファー表現の類似点と相違点を明らかにしたいと思う。メタファー表現は、今まで見てきたようにあらゆる事物に表われるものであって、そのすべてを網羅することはもちろんできない。ここではいくつかの事項に限って述べることにする。

[建物のメタファー]

建物に関する語彙のなかで、英語では "house" "home" "wall" を、日本語では「いえ」「うち」「壁」を取り上げて比較対照をする。

a. 日本語の「家（うち）」は「内（うち）」との関連でその表わす意味範囲は広い。関西方言で「うち、好かんわ」と言えば「うち」は一人称代名詞として使われている。「うちはいつも酔っぱらって帰ってくるの」と言えば酒飲み亭主を指している。「うちは今年景気悪いよ」は会社や企業を意味する。ウルグアイラウンドでさんざん痛めつけられた外務大臣が「早くうちへ帰りたいよ」と言ったとすると、それは日本を指す。火星探検旅行を終えた宇宙飛行士が「さあ、うちへ帰ろう」と言えば地球となる。このように、視点をどこに置くかによって、個人から宇宙天体までその意味範囲が拡大する。誠に特異な語である。これとよく似ているのが英語の "home" である。"I came back to my old home three years ago." では "home" は個人の家にも、故郷にも、故国にも解釈できる。"home-coming day" は学校祭などの折、母校に帰る日のことである。個人には及ばないけれども、英語の "home" もそのカバーする意味範囲は広く、「うち」と共通している。

次に「いえ」であるが、「うち」と異なるのは、家制度の家や公

共の建物をも比喩できることである。「いえのために生きる」とは一族のために自己を犠牲にして家を守ることである。「うち」より「いえ」の方が継承性を有するといえる。「切手の家」や「おもちゃの家」は,博物館ほどではないがそれらが収集展示してある建物が連想できる。「海の家」や「山の家」も不特定の人々が利用可能な施設といえよう。英語の "house" は日本語の「いえ」よりそのような傾向が一層強い。"The House of Hapsburg（ハプスブルグ家)" では伝統のある名家を示す。"The House of Representatives（アメリカの下院)" や "stock and bond house（証券取引所)" のように公共の建物を意味する。"home" と "house" の相違をさらに明確にするため次の例を挙げておく。"homework" は宿題など外ではなく家でおこなう仕事であり,"housework" はいわゆる「家事」である。"cold house"は,中の温度が低い状態の家屋のことで,"cold home" は家人が反目して人間関係が冷え切った家庭のことである。

以上にように,少しずつ意味範囲のずれはあるものの,「うち」には "home" が,「いえ」には "house" が対応するといってもよいであろう。

b. 壁には障害と見なされる側面と,保護するものと意識される側面の両面性がある。好例としては,かつてドイツを東西に分けていた「ベルリンの壁（The Wall)」である。旧西ドイツから見れば文字通り「障壁」であるが,旧東ドイツ当局に言わせれば堕落したブルジョア資本主義の思想や文化から国民を守る「防護壁」であった。障害としてのメタファー表現には,"a wall of prejudice（偏見の壁)" "to break down the wall of life（人生の障壁を打ちこわす)" "to go to the wall（敗北する)" など枚挙にいとまがない。保護としては,"within four walls（こっそりと)" "a wall of troops（防御のため軍勢で作る壁)" がある。英語ではないが,ある

フランスの小さな町の町長が訪問者に対して"Bien venue dans mes murs!"（ようこそ我が町へ！）と言った。"murs"はフランス語で壁である。中世ヨーロッパの都市は，外敵からの防御のために全体が城壁で囲まれていたことによる。みかんの「袋」は英語では"wall"である。これはみかんの種類とその食べ方に由来すると思われる。日本のみかんは皮がむきやすいので1袋づつに分けて食べる。確かにみかんの実が袋に入っているように見える。オレンジは皮が厚くむきにくいのでふたつに輪切りにして食べる。その切り口は花弁状になっていて，それぞれが壁で保護され仕切られているように見える。ほかに，保護や防御には関係ないが，"wall flower（壁の花）"とは舞踏会で踊る相手がいない女性のことである。日本語の「壁」の比喩表現には多様性はあまりない。これは日本の伝統的な建築法と欧米のそれとが大いに異なっていることによる。西洋の家屋は組積式であるので壁が多いが，日本の家屋は架構式建築で，原則として柱と屋根でできており壁はほとんどなく，あっても妻側だけであることに関係していると思われる。この建築様式は，吉田兼好を引き合いに出すまでもなく，日本の家屋が夏向きに建てられているからである。それらのメタファー表現もほとんど障害に関わるものばかりである。「壁につきあたる」，「記録の壁を破る」などである。日本の城壁は城だけを守るのであって，庶民にとっては保護ではなくてむしろ威圧的な権威の象徴であったと想像される。

家族関連語彙のメタファー

　主として"mother""father"「母」「父」について述べる。

a. レイコフによれば，"mother"の意味機能は出産，遺伝，養育，家系の4つの概念が組み合わされたもので，そのメタファー表現はそれらがひとつ以上関連していると主張している。中でも出産イ

メージが最もよく利用される。有名な"Necessity is the mother of invention.（必要は発明の母）"がその例である。この「X is the mother of Y」の形で多くの比喩表現がある。"England is the mother of Parliaments.（英国は議会政治の母）""The moon is the mother of pathos and pity.（月は哀れみの母）""Fear is the mother of superstition.（恐怖は迷信の母）""Want is the mother of industry.（貧困は勤勉の母）"などである。面白いのは"Poverty is the stepmother of genius.（貧困は天才を産み出さない）"で，stepmother（継母）は出産の要素を欠くことからのメタファーである。出産と養育の組み合わせでは，"motherland（母国）""mother tongue（母［国］語）"などで，「産み出し育むもの」をあらわしている。日本語の「母」も英語の"mother"と同様に，出産に関連したメタファーに使われるのが最も多い。上記の日本語訳のほとんどがそれにあたる。しかし，いずれも欧米から入った表現である。もう古典的コピーになった「指圧の心は母心，押せば命の泉湧く」は，母の出産と愛情ある養育の両要素をうまく利用した巧みなコピーである。"stepfamily（複合家族）"や"unwed mother（未婚の母）"などの表現に見られるように，近年，家族関係が多様化していると言われる。母と出産の関係は変えようがないが，他の概念との関係は変わり始めていると言えよう。母，広くは女性の役割も変化しつつある。「一家の大黒柱」と言えば父親か夫であったが，「私（女性）も共働きを始めて十余年，今や大黒柱のつもりでいる…」や「夫婦を大黒柱として家族の中心に置く"カップル思想"…」などの例のように様変わりし始めている。新しい母のメタファー表現も生まれてくるだろう。

b. "father"は"mother"に比較してメタファーに利用されにくいようである。多くは創始者の意味で"father"を用いる。アメリカの初代大統領ジョージ・ワシントンは"Father of the Country

(建国の父)"と言われている。また，"Sir William Jones is the founding father of linguistics.(ウィリアム・ジョーンズ卿は言語学の父である)"のように，学問分野の創始者がよく"founding father"と呼ばれるのもこの類である。日本語の「父」に関するメタファーは，上例の訳のような欧米起源のものがほとんどである。「父」に限らず「母」も"father"と"mother"に比べてメタファーにあまり用いられないのは，「親心」「親とも思う」のように「親」がよくメタファーとして使われることと無関係ではないだろう。

c. "A proverb is the child of experience.(諺は経験の子)" "They are sons of darkness.(彼らは非キリスト教徒である)" "Italian, eldest daughter of ancient Latin.(イタリア語は古典ラテン語の長女である)"のように"child""son""daughter"は生み出される者，養育される者のメタファーに用いられる。"The navy has been the stepchild of both parliaments.(海軍は議会に継子扱いされていた)"の例では，先の"stepmother"と同様に血縁ではないことで否定的な意味となる。日本語の「子(供)」も，「彼は時代の申し子だ」のように「生み出されるもの」の比喩はよく見受けられる。"a child of nature(無邪気な人)"や"child's play(誰にでもできること)"では未熟なものというメタファー表現である。日本語の「子供だまし」や「赤子の手をひねるような」と同じ発想である。日本語では「子はかすがい」「子は三界の首枷」のように「子(供)」は誉められたり，けなされたりして，メタファーによく使われる。戦前の「日本国民は天皇の赤子である」は人心の掌握のため政治的に利用された。戦後の労働争議がさかんな頃に，ある会社の社長が「従業員がボーナスを要求するのは，子供が自分の部屋を掃除したから金をくれと親に要求するようなものだ」と言ったとのことである。契約関係である労使関係を親子関係にすり替えるという強引なメタファーの利用（悪用?)である。日本

語は英語と異なり「息子」,「娘」はあまりメタファーに使用されない。

さらに類似性や親密性や共通性を表わす比喩表現として"brother"や"sister"が用いられる。"Sleep is the brother of death. (眠りは死に似ている)" "Truth is the twin sister of beauty. (真実は美とうりふたつ)" "All men are our brothers.(すべての人は兄弟も同じ)"などがその例である。日本語でも,「姉妹都市」や有名なコピー「世界は一家,人類皆兄弟」などがそれに相当する。

以上,家族関連語彙について見てきたが,総括的に言えるのは,日本語は総じて個々の家族語彙の比喩表現が英語に比べて少ないといえる。これは,日本が欧米と異なり,個人主義ではなく全体主義的土壌が伝統的にある事と無関係ではないだろう。

[身体語彙のメタファー]

a. 英語圏に限らず欧米では,感情や感覚的なものを"soul(心)",理性的なものを"mind (知)"に分け,"soul"は"heart (心臓)"に,"mind"は"head"にあると信じられている。まず "heart"の例を挙げる。"to lose one's heart (恋におちいる)" "to steal her heart (彼女のハートを射止める)"などは愛情表現のメタファーとして多く用いられる。"heartless (無情な)"や"cold-hearted(心の冷たい)"などは人としての情感に欠陥があることを表わす。感情が異常な状態になると"heart"が壊れたり,位置がずれたりする。"heartbreaking (胸が張り裂けるような)" "to have one's heart in one's boots (「あまりの恐怖で心臓が下がり靴の中に入ってしまう」という意味)" "I have my heart in my mouth. (前例と同じ意味だが,動きが逆に上昇する)"などがその例である。日本語の「心臓」はあまりメタファーに用いられない。せいぜい「心臓が強い」くらいである。英語にも "strong-hearted"の表現があるが,日本語と異なり「勇気があり闘争心が強い」ことであり「ものおじ

せず神経が太い」という意味ではない。日本語では「心」はよくメタファーとして使われる。身体名称に入れるべきか疑問であるので取り上げないが,「心臓」がメタファーとしてあまり用いられない理由のひとつかもしれない。

b. 英語の "head" と日本語の「頭」は極めてよく似た比喩に使われる。"good head（頭がよいこと）" "to use one's head（頭を使う）" "Two heads are better than one.（3人寄れば文殊の智恵）"などは頭すなわち理性の比喩で，日英共通している。また理性がなくなると混乱が生じる。"to go to one's head" は「人を興奮状態にさせる」ことだが，日本語の「頭に来る」と，他動と自動の違いはあるが，同じ発想である。"to lose one's head（あわてる）" も同様なメタファーである。頭は体の上部にあるので，当然，その位置に関連して，指導者を意味するメタファーもある。"headless（指導者のいない）" "the head of the university（学長）"「頭取」「かしら」「頭目」などである。"at the head of～（先頭に立って）" も位置である。一部で全体を表わすメトニミーの比喩として，"\$2 a head（ひとりあたり2ドル）" や「頭数」などのように頭部で人にたとえるのも共通である。

c. 英語の "hand" と日本語の「手」の意味範囲が異なることはよく知られている。実話かどうか知らないが，有名な話がある。戦後，日本で複数のアメリカ兵に「手を挙げて下さい」のつもりで "Raise your hands." と言ったら，皆がお釈迦様よろしく，右手の手首から上だけを挙げ掌をこちらに向けたとのことである。日本語の「手」は腕部まで含めてもよいが，"hand" は手首から先だけである。英語で "arm(s)" は "the strong arm of the law（法の力）" "arms（武器）" "arms and gown（戦争と平和）" のように力や武力を表わすが，日本語では「手をあげる」は暴力を振るうことにも使

われる。「腕をあげる」は技術を向上させることである。「腕ずくで」のように力を表わす表現もないではないが,「腕前」「腕利き」「腕だめし」のように技術,能力のメタファー表現が多い。"with folded arms(手をこまねく)" "within arm's reach (手の届く範囲)"なども前述の意味範囲の違いによるずれである。ただ,"The ship was lost with all hands. (船は乗組員全員と共に沈没した)"や「書き手」のように人を表わすメトニミー的比喩では共通である。

動物のメタファー

動物に関する比喩表現は,当然のことであるが,身近に生息している動物を利用する傾向にある。例えば,日本では「狸寝入り」「狸親父」「猪突盲進」「猪首」などのように,「狸」や「猪」がメタファーとしてよく使用されるが,英語で"raccoon"や"boar"がメタファーとしてはあまり用いられない。しかし,その言語圏には生息していない動物もメタファーとして登場することもあり興味深い。"pull dog, pull cat([綱引きで]どちらも負けるな)"や"It rains cats and dogs. (どしゃ降りの雨)"のようにペアで使われる例からもわかるように,ペットの代表は犬と猫である。両言語とも関連の比喩表現は多いが,ペット文化の先進国である英語圏の方がやはり豊富である。

まず"dog"であるが,犬好きの人は多いのになぜか悪いイメージのメタファーが多い。"to die a dog's death(犬死にをする)" "a dog's chance (ごくわずかな見込み)" "to go to the dogs (落ちぶれる)" "to put a dog's life(見栄を張る)" "to eat dog (屈辱を堪え忍ぶ)" "dog-sleep(狸寝入り)" "to dog (不幸などがつきまとう)" "dog-eared (本のページの隅の折れ)" "She's a dog. (彼女は魅力がない)"など枚挙にいとまがない。"to let sleeping dogs lie(寝ている犬を起こさない,やぶへびにならない

ようにする)"くらいが犬の存在を認めているメタファー表現である。日本語も前述の「犬死」の他,「警察の犬」「犬の遠吠え」「犬も歩けば棒にあたる(最近は「でしゃばると痛い目にあう」から「なにかよいことに偶然出くわす」の好意的な解釈もされるようであるが)」など同様に否定的なメタファーである。ペットとしての犬は,飼い主に服従するという自主性のなさがそうさせるのであろうか。

　"cat"であるが,これも否定的なメタファーが多い。しかし,人に媚びない点が買われるのか,好意的なものも若干ある。"It is enough to make a cat speak.([酒の味などが]これはすてきだ)" "a cool cat(時代の先端を行っている人)"などである。悪い例としては,まず"cat"自身が「意地悪女」とか「よく引っ掻く子ども」の比喩として使われる。他には"to wait for the cat to jump(日和見をする)" "A cat may look at a king.(猫のような卑しい人でも王様は見られる)" "The cat is out of the bag.(秘密が漏れる)"などもある。日本語の「猫」は「犬」に比べてメタファー表現が豊富である。しかし,英語同様あまり良いイメージではない。「猫かぶり」「猫可愛がり」「猫なで声」「猫の額ほどの狭い庭」などである。「猫に小判」は,猫が価値のわからないものと見做され,「猫の手も借りたい」はただの員数的存在である。「猫に鰹節」もどちらかといえば好意的とはいい難い。犬と猫に対しては,身近なものに対する気安さか,人間の傲慢さのゆえかわからないが,両言語とも評価は低いという共通性がある。

　次に,イメージが相違する動物を若干取り上げる。"fox(狐)"はイソップ物語では悪役としてよく登場するように,悪い意味でのメタファー,例えば「ずるい人」の意味でも使われるが,"She's a fox."または"She's foxy.(彼女は魅力がありセクシーな女性だ)"とか"That's a foxy move.(いい手[将棋などの]だ)"ような良い意味の比喩表現もある。日本語の「狐」からは想像できない。

「虎」は，酔っぱらいのメタファーに使われる場合もあるが，日本では「勇敢で強い」というイメージが先行する。しかし，英語で"He's a tiger"と言えば，強いには強いが獰猛であると解釈される。日本ではあまりメタファーとして用いられることのない「象」は，英語圏では記憶力の優れているものと思われている。また，アメリカの共和党の象徴となっているのは有名である。

　以上，一部ではあるが，具体例を挙げながら日英語におけるメタファーの比較を試みてきた。それぞれの言語圏の文化や歴史や生活様式や気候風土や地理的条件によって独自性や相違が生じるのは当然であるが，それを考慮にいれても，予想外に共通する点が多く見受けられる。人間の感性や言語に人種，民族を越えた普遍性が存在する証拠である。

5. おわりに

　この章では，前半でメタファーというものはどのようなものであるかを検討した。その検討から，メタファー表現を分析すれば，私たちの思考法や理解のしかたのかなりの面を知ることとができるということを示した。すなわち，メタファーは私たちの概念形成に大きな役割を演じている点を指摘した。例えば，ジョンソン(1987)も指摘しているように，基本的な概念を拡張し，いろいろな状況を解釈するには，メタファーが大きな役割を持つ。すなわち，私たち人間の想像力（あるいは創造力）をメタファー表現は反映しているといえる。さらに，個々の言語を話す集団の文化的特徴を知る手がかりになるという点も示した。したがって，今後人間の特性ならびに文化的特徴を分析する手がかりとしてメタファーが大いに注目されることになるであろう。すでに，レイコフやジョンソンは，主に，メタファーを材料にし，社会批評や道徳観念に対する批評を行なっている。また，直接的にはメタファーの重要性を強調しないチョム

スキーなども，彼の政治批評においては，おおいに，メタファーを利用している。例えば，チョムスキー(1993)は，アメリカの保守的な政治家は，アメリカこそ「世界の王(the Lord of the hemisphere)」であり，他の国はアメリカの意図する世界秩序に従って，はじめて核を含むアメリカの軍事力の「傘(umbrella)」に保護されるという考えをもっていて，これらの政治家は，従わないものは有害な「ビールス(virus)」であるとしか見なしていないと述べている。

　後半では，日英語の建造物と家族関係のメタファーを中心に分析した。壁など，建造物のメタファーに関しては，実際の物の形状のみならずその物に対するイメージの持ち方の相違がメタファー表現に反映されていることをみた。また，「大黒柱」が父親を表わすのによく用いられるのは，明治以後の政治的意図が反映されていることも示した。家族関係のメタファーに関しては，生まれてから類似した経験をし，育つ面もあるので，日英語に共通する点も多いが，やはり文化的な差異を反映しているものが多くあるという点を示した。古くは，いちどにふたり以上の子を産む母を「畜生腹」と呼び，軽蔑したということであるが，これも，日本にはこの出産の形体に対する良くない迷信があったためであろう。また父(Father)など家族関係のメタファーでは，日英語における使われかたは異なるが，歴代のアメリカ大統領の就任演説にみられるように，政治家の演説や政治スローガンによく用いられる。したがって，家族関係のメタファーをはじめ，いろいろなメタファーを分析することによって，人の思想傾向を分析したり政治批評が可能になるといえる。

　以上のことから，メタファーを注意深く分析すれば，言語的特性のみならず，その国のいろいろな文化的特性が理解でき，異文化理解に加え，社会・政治批評にも役立つといえる。以下のレイコフ＝ジョンソンの主張が事実であるなら，さまざまなメタファー表現を

無視すると、あらゆる分野の事柄の重要な面をみのがすことになりかねない。

> メタファーというのは、ただ単に言語の、つまりことばづかいの問題ではないということである。それどころか筆者は人間の思考過程（thought process）の大部分がメタファーによって成り立っていると言いたいのである。人間の概念体系がメタファーによって構造を与えられ、規定されているというのはこの意味である。人間の概念体系の中にメタファーが存在しているからこそ、言語表現としてのメタファーが可能なのである。
>
> （レイコフ＝ジョンソン、渡辺他訳『レトリックと人生』）
>
> （吉川寛・山田伸明）

注

レイコフ＝ジョンソン(1980)など訳書のある文献はその訳にほぼ従った。

参考文献

Chomsky, N. *Year 501: The Conquest Continues*. London: Verso, 1993.

Gozzi, R. JR. *New Words*. Columbia: University of South Carolina Press, 1990.

本名信行『文化を超えた伝え合い』開成出版、1993.

Johnson, V.E., 堀内克明 *Exploring English: Cultural Differences between America & Japan*. 金星堂、1974.

Johnson, M. *The Body in the Mind*. Chicago: Chicago University Press, 1987.

〔菅野盾樹・中村雅之訳『心のなかの身体』紀伊国屋書店、1991〕

Johnson, M. *Moral Imagination*. Chicago: Chicago University Press, 1993.

河合隼雄『中空構造日本の深層』中央公論社，1982．

河合隼雄「家族の気象学」上野千鶴子，他編『変貌する家族 5』pp.1-19, 1991.

レイコフ，G．高頭直樹訳「隠喩と戦争」『現代思想』5月号 p. i-xvi, 1991.

Lakoff, G. *Women, Fire, and Dangerous Things.* Chicago: Chicago University Press, 1987.
〔池上嘉彦・河上誓作訳『認知意味論』紀伊国屋書店，1993〕

Lakoff, G. & M. Johnson. *Metaphors We Live by.* Chicago University Press, 1980.
〔渡辺昇一，他訳『レトリックと人生』大修館書店，1986〕

Lakoff, G. & M. Turner. *More than Cool Reason.* Chicago University Press, 1989.

沢登春仁・ロバート O．フイッツシモンズ『英語感覚をみがく』ジャパンタイムズ社，1992．

沢登春仁・ロバート O．フイッツシモンズ『英語のニュアンス』ジャパンタイムズ社，1993．

Taylor, J. R. *Linguistic Categorization.* Oxford: Clarendon Press, 1989.

利沢行夫『戦略としての隠喩』中教出版，1985．

Turner, M. *Death is the Mother of Beauty.* Chicago: Chicago University Press, 1987.

山田伸明「日英語に於ける家族のメタファー：父と母」『中部大学国際関係学部紀要 第6号』pp. 305-320, 1990．

山田伸明「日英語に於ける家族のメタファー：子と兄弟」『中部大学国際関係学部紀要 第7号』pp. 91-102, 1991．

吉川寛「住居表現の日英比較」『中部大学国際関係学部紀要 第2号』pp. 161-170, 1986．

吉川寛「アメリカの家族：大統領就任演説にみる」『中部大学国際関係学部紀要 第9号』pp. 53-64, 1991．

ユージン E．ランディ原著・堀内克明訳編『アメリカ俗語辞典』研究社出版，1975．

8 通訳と翻訳
——異文化の橋渡し

1. 翻訳と通訳

　異文化間コミュニケーションの，おそらく最前線にあるともいえるのが，通訳であり翻訳であるだろう。このふたつはまとめて論じられることが多いが，厳密にはかなり性格を異にする作業である。

　翻訳（translation）とは，文字に書かれたもの（a written text）を別の言語に書き換える作業であり，通訳（interpretation）とは，口頭で表現されたメッセージ（an oral message）を，他の言語に変換し口頭で発表するものである。翻訳で扱うのは静的な言語であり，通訳が取り組むのは一瞬のうちに消え去ってしまう動的な言語である。この違いは，作業に要する時間の違いをも生む。翻訳は，対象が静的な言語であるため，ある程度の時間をかけて仕事をすることが可能である。何回も見直し，わからない単語があれば調べることができるし，適当な訳語を思いつくまでじっくり考えていられる。それに対し，一瞬のうちに消えてしまう言葉を追いかける通訳は，その一瞬が勝負であり，迷っているひまも，訳語を吟味する余裕もない。同時通訳の場合は，おおざっぱに言って，翻訳の30倍のスピードで作業を行なうことになるという。（セレスコビッチ Seleskovitch, 1978）

翻 訳

　翻訳の種類と言うと，文学作品であるとか，技術翻訳であるとか，翻訳を対象とするものの内容の違いがまず思い浮かぶ。そして，内容がたとえ何であれ，翻訳のプロセスそのものにたいした違いはない，と従来は考えられてきたのではなかろうか。

　ところが，最近の翻訳を見てみると，翻訳の手法そのものにかなりバラエティが出てきている。たとえば，洋画の字幕スーパーの場合は，限られたスペースに限られた字数の訳を画面に合わせて限られた時間内に入れるという制約がつく。したがって，几帳面な訳をするわけにはいかない。やたら直訳していたら，画面はせりふの翻訳でいっぱいになってしまう。映像のじゃまになるうえ，読み終わらないうちに次の画面に移ってしまうことになる。短時間に視覚でとらえることが可能で，しかも，せりふの内容が要領よく把握できるような訳でなければならない。純粋に翻訳をする以外の要素がかなり入ってくることになる。

　また，ひと昔前なら，やや難解な翻訳調を読むと，外国文学を読んでいるという実感がわいたものであるが，今は違う。いったん，英語から日本語に翻訳した文章を，さらにもう一度日本語らしい日本語に直した「超訳」なるものが出現したのである。日本語としてこなれた，違和感のない翻訳である。東後勝明氏は，担当していたラジオ番組のテキスト執筆で，ダイアローグを英語から日本語に訳す際，正確を期する "translate" をしようとすると，どうしても不自然な日本語になってしまうので思い切った意訳を試み，それを "transliterate" と呼ぶことにした，と講演で語ったことがある。[1]それも，言ってみれば一種の「超訳」であろう。

　この方法は，文学作品やベストセラー小説にとどまらず，英文週刊誌にもその影響が及んでいる。「ニューズウイーク」日本語版がそれである。創刊以来，数年にわたり同誌の翻訳に携わった山岡清二氏によれば，この週刊誌の翻訳にはふたつの大きな特色がある。

第1は，ひとつの記事を複数の翻訳者が訳すグループ翻訳方式であり，第2はこれと関連するが，複数の翻訳者により日本語を何度も書き直す，という作業を経て日本語として読みやすい記事に仕上げる点である。[2] いわば，超訳の週刊誌版とも言える。

〔通 訳〕

　通訳の場合は翻訳にも増して，さまざまな種類が存在する。通訳を職業として分類すれば，会議通訳（国際会議などで通訳をする），放送通訳（テレビの2か国語放送や衛星放送など，ニュースを主に通訳する），通訳案内業（いわゆる観光通訳，ガイド），芸能通訳（外人タレントに付き添い，記者会見の通訳なども行なう）などがある。通訳を技術の面から分類すれば一般通訳（ad hoc interpreting），逐次通訳（consecutive interpreting/interpretation），同時通訳(simultaneous interpreting/ interpretation)がある。観光・商談・随行などにおける通訳は，特別な通訳訓練を必要としない一般通訳である。逐次通訳は，講演などで，話がひと区切りしてから訳していくものである。同時通訳は通訳ブースに入りイヤホン（ヘッドホン）をつけ，耳から入ってくる言語を即時，別の言語に通訳していくものである。一般的には同時通訳こそが神業的に難しいこととされているが，実はそうでもない。逐次通訳は単に内容を聞いて理解し分析するだけでなく，メモを取る技術，そのメモを見て即座に内容を思い出す術（記憶力とメモのとり方の技術の両方がかかる），人前で発表する能力等々が要求されるため，プロの通訳者の間では「通訳は逐次に始まって逐次に終わる」と言われるほどである。同時通訳の場合は，脱線しないようひたすら走ればよい，という面があるが，逐次の場合は，オリジナルをじっくり聞いた聴衆が「さて，どんな通訳をするのか」と待ち構えるようなこともあり，いわば添削をされるような怖さがある。いずれにしても，会議通訳者（conference interpreter）は，同時・逐次いずれの通訳

もこなさなければいけない。

　湾岸戦争以来，その必要性が認識されてきた放送通訳は，民放局の中で２か国語放送を打ち切ったテレビ局もある中，ＮＨＫが本腰を入れて養成に乗り出した。[3] 放送通訳の場合は当然，同時通訳が多くなるが，ひと口に同時通訳と言ってもいろいろである。事前にニュース原稿を翻訳した上で音声に合わせて訳を読んでいく「ボイス・オーバー」。ニュースを何回か見て，ある程度の訳またはメモを用意してから，原文に合わせて訳をつけていく「時差同通」。直前に１回か２回見て簡単なメモをとっておき，それを参考に通訳する「半生同通」。そして，まるきりぶっつけ本番の「生同通」。[4] 放送の場合は国際会議と違い，事前に原稿が発表されることはまれで，内容を勉強して前もって準備することが困難な場合もあることに加え，アナウンサーなりキャスター，記者などが猛烈な速度で原稿を読み上げることが多い。したがって，生のニュースを完全に同時通訳することは，本来なら不可能である。いくら日常的に時事英語を勉強しニュースを丹念に追っていたとしても，完璧な同通を求めるのは無理な注文であるのだが，国際的な大事件が起きると，無理を承知で同時通訳を行なわざるをえないことになる。以前は，同時通訳者が国際会議も放送も両方手がけていたが，次第にその両者の性格の違いが明確になり，最近は会議専門の通訳者と放送専門の通訳者とに分かれる傾向が強まっている。

　国際会議の場合は，ひとつの会議を担当することになった，その時点から準備が始まる。資料を可能なかぎり読み，専門家の講義を受け，自分なりの用語集を作成して専門用語を頭にたたきこむ。とはいえ，何も，単語レベルの暗記に終始するわけではない。会議の開始時にはその分野の専門家はだしになっているくらい，専門知識の吸収につとめ，万全の準備をもって本番の会議に臨む。むろん，いくら会議とはいえ，原稿が用意されているものばかりを通訳するのではなく，アド・リブもあれば，急きょ発表内容変更という事態

もあり得る。しかし事前の準備があれば，原稿などなくとも内容を理解し正確な同時通訳を行なうことは充分可能である。もともと原稿があったとしても，100%原稿だけに頼ることはない。ヘッドホンを通して流れてくる内容は必ず聞いて確認し，原稿と違いがあれば耳から流れてくる方を優先して通訳する。耳で内容を追いながら目は原稿を確認し，同時に通訳をするsight translationは，実は，はなはだ難易度の高い技術である。間際になっていきなり原稿を渡されると，初心者はかえって混乱し，ありがた迷惑になりかねない。

いずれにしても，会議通訳も放送通訳も共に，高度な知識と技術を要することは確かである。

2.「訳す」とは

通訳と翻訳とは厳密には違いがあり，また，通訳にも様々な種類があり，翻訳も一様ではないということを述べた。しかし，翻訳も通訳も，根源的に「訳す」という作業であることは同じである。

英語では「翻訳」を"translate"，「通訳」を"interpret"と言うが，"translate""translation"で「翻訳」「通訳」の両方を含むこともある。言語学者のロジャー・ベルも，自身の著書の題名について，"Translation and Translating"というのは「通訳」も含む，としている。

メアリー・スネル＝ホーンビーは，その著書Translation Studiesの中で以下のように主張している。

"If language is an integral part of culture, the translator needs not only proficiency in two languages, he must also be at home in two cultures. In other words, he must be biligual and bicultural."

ここで言及されているのは、翻訳であり翻訳者であるが、"translator"をそっくり"interpreter"と置き換え、通訳および通訳者としてもそのままあてはまる。翻訳にしても通訳にしても、単に2か国語に堪能というだけではつとまらない。両方の言語圏の文化にも精通していなければ、翻訳であれ通訳であれ不可能と言える。それは、言語と文化が切っても切り離せない密接な関係である以上、当然のことである。文化に対する認識が欠けたまま、ことばのみを訳そうとすると、誤訳が起きる。正確に訳そうとするならば、言語レベルを越えた文化の理解が不可欠であり、それをスネル＝ホーンビーは "bilingual and bicultural" と定義している。ただし、この定義は、日本語のいわゆる「バイリンガル」を指すものではないと考える。なぜなら、外国で長期間を過ごした帰国子女が必ずしも翻訳や通訳に適しているわけではないし、優秀な通訳者または翻訳者には、かえって外国滞在の経験がない、純国産が多いからである。これはおそらく、通訳にせよ翻訳にせよ、最終的には母国語の能力が決定的な要素を持つ、ということと関係があるのだと思う。つまり、これは見逃されがちなことではあるのだが、訳すという作業には母国語が絶対に必要なのである。母国語あっての外国語ともいえる。だから、帰国子女なら大丈夫だろう、と簡単に考えて通訳を頼んだら失敗したということが起こりえる。しかしむろん母国語だけでは monolingual and monocultural となってしまい、訳すという行為自体が成立しなくなる。ここでいっているのは、外国語に訳す、あるいは外国語から訳すためには、母国語と同レベルの知識と理解が対象言語および文化に関しても必要とされるという点である。それは "translation is primarily a cross-cultural transfer" （スネル＝ホーンビー Snell-Hornby, 1988）と説明することもできる。すなわち、「訳す」という行為は、言語——language——という次元のみで考えることは間違いであり、「訳す」とは、異なった文化の橋渡しであり、異文化を越えてメッセージを伝える

ことである,という概念である。

この思想をより所に,通訳という行為,翻訳という作業を見てみると,なぜ誤訳が起きるのかが理解され,同時に,通訳・翻訳に何が必要なのかが明確になる。なお,本稿においても,「訳す」と言った場合は,原則として翻訳・通訳両方を指すものとする。

3. 誤訳

「誤訳」の定義というのも,案外難しいものである。われわれはいとも簡単に,あれは誤訳だ,あの本は誤訳だらけだ,といった判定を下す。そして実際に,間違った翻訳や通訳は驚くほど多い。翻訳ものを読んでいて,どうにも理解できない難解な箇所があったら誤訳と思え,と言われるほどである。さまざまな誤訳を指摘した出版物も存在し[5],それを読むと,なるほどと思うことばかりである。

しかし,最近,何もかもひっくるめて「間違った訳」とかたづけてしまってよいのだろうか,という疑問が出てきている。1993年8月オランダ・アムステルダムで開催された国際応用言語学会第10回世界大会の通訳・翻訳理論部会では,この点がかなり議論になった。研究者によっては,世の中に「誤訳」などというものは存在しない,これは "semantic transfer" と呼ぶべき性質のものであると主張する人もいた。ひとつの言語から,もうひとつ別の言語に置き換える際,どうしたって意味上の転移も行なわれるわけであるから,原文と翻訳文が完全に同じものになることはないという考えである。各国からの通訳者,翻訳者,そして学者,研究者が一堂に会して通訳・翻訳理論をたたかわせるということ自体もさることながら,この「誤訳」論争は私には新鮮な驚きであった。従来,単なる翻訳上のミス,と考えられてきたもののうち,少なくともいくつかは,純然たる間違いではなく,いわば翻訳にはつきもののやむを

得ない "transfer" なのかもしれないのだ。「誤訳」というよりは、"miscommunication"－コミュニケーションのギャップあるいは失敗－と表現した方が適切なのかもしれない。

そういった視点もふまえて、以下に事例を見てみたい。

［事例 I　佐藤・ニクソン会談］

1971年ハワイで行なわれた日本の佐藤首相とニクソン米大統領の会談は、コミュニケーション史上（または、ミスコミュニケーション史上）名高い例である。1993年の宮沢・クリントン会談を評して「1971年の日米首脳会談のようだ」と評した学者がいたほどである。[6] その真意は、後になって落胆を生み、双方が批判し合う結果になるのではないかということである。

佐藤・ニクソン会談の主要議題は当時日米貿易摩擦の原因となっていた繊維である。日本からの繊維輸出が米国内で批判の的となっていたことを受けて、ニクソン大統領は繊維輸出の自主規制を日本側に求めた。それに佐藤首相がどう答えたかには諸説ある。

コミュニケーション理論を専門とするディーン・バーンランド（Barnlund, 1975）は、その著書の中で、佐藤首相はニクソン大統領に対し「話は3割、あとの7割は腹芸でいきましょう」と提案したと述べている。その上で佐藤首相は、ことばではっきりとは説明しなかったものの、日本からの輸出攻勢に脅威を感じているアメリカの繊維業者に対して「理解を示した」という。ニクソン大統領は「米国側の状況を理解してくれているなら、輸出の割り当て規制はやってくれるに違いない」と判断してしまった、とされている。

一方、佐藤首相は日本語で「善処します」と言葉を返し、それが "I will take care of it." と、むしろ積極的な意味あいを持つ英語に通訳されて誤解を生んだという見方もある。（松本兼太郎, 1976）

社会言語学者のL．ビービーやR．C．クリストファーによれば、日本人は面と向かって拒絶することを嫌うので「慎重に検討しま

す」的なやんわりとした言い方をし,相手が断りの意味を感じとってくれることを期待する。佐藤首相の「善処します」は,そういう拒否の意を含んだ日本語だったのだが,英訳された段階でそのニュアンスは消えてしまい,ニクソン大統領に誤った期待を抱かせてしまった。(ウルフソン Wolfson, 1989) それをうのみにしたニクソンがナイーブだった,あるいは,そんなあいまいな日本語を外国首脳との交渉に使用した佐藤首相が責められるべきだ,両者ともにもっと異文化コミュニケーションの知識を持つべきだった,ということもいえる。もしくは,その場の通訳者が少なくとも "I'll do what I can." "Let me see what I can do." 程度の英語にしておけばニクソンはあれほど怒らないですんだと考えることもできる。自分のできる範囲で努力しましょうということは,自分なりにやってみたけれどだめだったということもあるからである。

　日本流の腹芸で応対した日本の首相と,腹芸という日本文化を理解できなかった米国大統領という見方。対するに,日本語の「善処します」という返事の含む意味が誤解を生んだとする分析。コミュニケーション・ギャップを生んだ原因については異なる解釈がなされているが,結末は,日米コミュニケーションの失敗,という点では双方一致している。期待に満ちて帰国したニクソン大統領は,いつまでたっても約束を果たさない日本に対し,裏切られたと落胆し腹を立て,その後の日米関係はいたくぎくしゃくしたものになってしまった。しかも,コミュニケーション・ギャップの真の原因については,ニクソン大統領も佐藤首相もとうとうわからずじまいであったという。

　当時は,通訳者の訳し方に問題があるとの批判が多く,「誤訳」とされていたのではないかと思われるが,この事例は単純な「誤訳」とは言いがたい。これはあきらかに異文化間コミュニケーション・ギャップ(intercultural miscommunication)の例である。また,もし「腹芸説」をとるなら,むしろ非言語コミュニケーション

(non-verbal communication)の問題であり,文化人類学者エドワード・ホールの説く「沈黙のことば」(The Silent Language)の範疇に属する問題である。

[事例2　ポツダム宣言]

外交上の誤訳とされるもの,コミュニケーションの失敗例とされるものはいくつもあるが,その中で最たるものは,ポツダム宣言に対する日本側の回答で「黙殺」とあるのを"ignore"と英訳したことであろう。日本における同時通訳者のパイオニアである西山千氏は,著書『通訳術と私』の中で,こう語っている。

> 大戦末期,ポツダム宣言が発表され,日本の無条件降伏を要求してきた。当時の日本は激戦のまっただ中で,国民は総動員体制のもとで決死の覚悟をしいられていた。鈴木貫太郎首相は,こうした国家的雰囲気のなかにいてポツダム宣言に対して弱気の発言をすることは不可能である。と,同時にもっとようすを見てから最終決定に踏み切ろうと考えていた。そこで,内容は「静観したい」という意味のことを,公に弱気だと見られないような強いことばで表現したかったそうである。結局「黙殺する」ということに決定した。このことばの裏にはきわめて重大な,しかも微妙なニュアンスが持たされていた。ところが連合国側では,この「黙殺」を"ignore"つまり「無視する」ということばに翻訳した。「無視する」という意味に受けとられたことを憂慮して,まだ法律的には中立関係にあったソ連のモスクワ駐在の日本大使館から,外務省宛てにことばの意味に重大なくいちがいがあると電報を打ってきた。しかし,すでに連合国側の態度は硬化していた。
>
> もし,「黙殺」をせめて"give it the silent treatment"とでも表現していたらよかったのではないかと思う。日本の出かたを見てみようという意味も持っていたポツダム宣言であったので,もっと微妙な日本政府の真意を読みとったはずである。

この間の事情については，やや違った解説もある。中村隆英氏は，1993年度第20回大佛次郎賞を受賞した「昭和史」の中で，こう記している。

> ポツダム宣言が発表されたとき，日本政府はこれに論評を加えないで新聞に掲載することにした。それは戦争終結の可能性をそれとなく国民に暗示するための措置であったと思われる。——中略——しかし，日本内地においては，軍部の強い要求もあって，ポツダム宣言に対する政府の見解を表明すべきだという圧力が加えられた。そのため，特使派遣問題が決着するまでは論評を加えないのが賢明であると判断されていたにもかかわらず，首相は記者会見においてこれを「黙殺」すると言明した。翌日の新聞は，この発言を大見出しで報道した。また，海外向け電報においては，黙殺がリジェクト——拒否と訳され，結局日本側はこれを受け容れないと理解される結果となった。鈴木貫太郎は戦後，この一事は後々にいたるまで余のまことに遺憾と思う点であると「自叙伝」に書いている。広島に原子爆弾が投下されたのはそれから10日もたたぬ8月6日のことであった。（「昭和史I」p. 337）

「黙殺」という日本語は，果たして何という英語に訳されたのか——"ignore"なのか"reject"なのか。また，訳したのは，連合国側であったのか？それとも，日本側で英訳してから打電したのか？もし，日本側が自ら"reject"という訳語をあててしまったなら，これは「拒否」以外のなにものでもなく，誤訳というレベルを越えた，外交上の大きな誤りとしか言いようがない。しかし，これがもし，連合国側が翻訳したものであり，「黙殺」のニュアンスがよくつかめずに"ignore"と訳したのだとしたら，これはむしろコミュニケーション・ギャップの一種であり，誤訳というよりは翻訳についてまわる宿命的な危険の一例と考えられないだろうか。日本の首相がどれほどの思いをこめて「黙殺」ということばを選んだかは相

手にはわからないわけで、そこまで微妙なニュアンスを汲み取ることを連合国側の翻訳者に要求するのは無理である。日本側の翻訳者に対し、回答の真意を縷々説明した後でなら、西山氏の提案する訳文が登場する可能性もあったかもしれないが、無色透明であるべき翻訳者がどこまでふみこんで勝手な解釈をしていいのかという問題もあるわけで、もし何の説明もないのであったなら、翻訳者に過大な期待はできないことになる。いずれにしても、これほど重大なメッセージの翻訳をいったいどういう状況のもとで、誰が行なったのか。訳語を決定するまで、どの程度悩み、考えたのか。中村教授が筆者に語ったところでは、同盟通信（当時）記者が"ignore"と英訳したのを連合国側は"reject"と解釈した、というのが真相らしいが、それでは鈴木貫太郎首相および日本政府は、「黙殺」という肝心なことばが一体どう英訳されると考えていたのだろうか。日本文が英訳されてから連合国側に読まれるであろうことは常識として知っていただろうに、訳語といってもひとつとは限らず、強い表現からやわらかい言い方までさまざまな可能性があることには気がついていなかったのだろうか。できたらこう訳して欲しいという希望は持っていたのだろうか。それとも、英語の達人なら適当にうまく訳してくれるだろう、と楽観視するほど、ことばの問題に無頓着だったのだろうか。

　もっとも、中村教授の見解では、日本語の「黙殺」ということばは非常に強いことばであり、英語の"ignore"よりむしろ強いくらいであるので、そもそも「黙殺」ということばを使ったこと自体に問題があるのではないか、とのことである。「黙殺」は『広辞苑』第4版によれば「無言のままで、とり合わないこと。問題にせず無視すること」とある。また、国語学者の大野晋氏によれば「黙殺」ということばは「知っているけれど知らないふりをして相手として取り上げない」という意味であり、日本人独特の対人関係を表現する言葉、との解釈である。大野氏の意見では「黙殺」の裏には、

言い争う事自体が自分の位置を低めるとの社会的認識があり，相手にしないことが自分自身の高さを保つ，という考えが相手に負けそうな場合にかえって強くなるという。鈴木首相の発言は「ただ黙殺するだけである。我々は戦争完遂にあくまで邁進するのみである」とある。強い表現であるし，そうせざるをえなかった国内事情もあったのだろうが，追い詰められていた当時の戦況を考えると，「相手にしないことにより自分の高さを保つ」という微妙な心理も理解できる。

こうなってくると，再び気になるのが，「黙殺」は "ignore" なのか，という点である。複数の英米人に確認したが，英語の "ignore" には，「黙殺」ほど屈折した意味はなさそうである。Collins Cobuild English Dictionary (1988) には "If you ignore someone or something that you have seen, heard, or experienced, you act as if they are not there, or as if the event has not happened." とある。ところが大野氏の指摘では，法律用語で "ignore" というと「大陪審が起訴状案を証拠不十分として却下する (reject)」(研究社・新英和大辞典第5版) ことであり，連合国側が "ignore" を "reject" と解釈したのも無理からぬことではないかとのことである。調べてみると The Compact Oxford English Dictionary (1991) に "ignore: not to know; (of Grand Jury) to reject as unfounded or having insufficient evidence, to refuse acceptance of; to refuse to take notice of" とあるほか，The American Heritage of the English Language (1970) では同義語として "refuse" をあげている。日本語の「黙殺」が，複雑な心理状態を反映したことばだとするなら，「拒否」と解釈されても仕方ないような "ignore" という訳語が適切だったかどうか，やはり疑問は残る。

連合国側が待っていたきっかけを与えてしまっただけ，という考え方もできるが，もし「黙殺」ということばひとつでポツダム宣言

を拒否したと受け取られ、それが広島・長崎への原爆投下につながったとするならば[7]、仮に違った日本語あるいは違った訳語が使われていたなら、はたして歴史はどうなっていたであろうと考ずにはいられない。

4. より良き理解のための橋渡しとは

誤訳の事例をいくつか挙げたが、これを見て「翻訳者は反逆者」(Traduttore traditore.) と思いをあらたにし、翻訳はしょせん、翻訳である、原文を忠実に伝えることは不可能という結論に至ることは簡単である。オリジナルをそのまま理解できれば、それに越したことはない。しかし現実には、世界中のあらゆる人間が複数の言語を操り翻訳は必要としないということは夢物語である。それどころか、コミュニケーションの発達とともに各種の情報が地球をかけめぐり、正確にして迅速な情報を得る必要性はますます高まっている。翻訳や通訳が不要になるどころか、いっそうその重要性は増している。「翻訳は反逆」とすましてはいられない。ならば、われわれは、過去の事例から学ぶことはないであろうか。私は、先に挙げた事例がいずれも共通の問題提起をしていると思う。

翻訳者なり通訳者なりが「訳す」という作業にあたる時、どういった判断基準をもって特定の訳を行なうのかという点である。たとえば「善処します」という日本語を、どの程度の英語にするのか。あるいは「黙殺」を訳すのに、どの英語のことばを選ぶのか。それは、訳す人間が決めることだ、そのための通訳者であり翻訳者ではないかと言う人がいるかもしれない。しかし、全面的に訳者に委ねるなら、正しい判断が下せるだけの充分な予備知識を与えない限り、後で何が起ころうと、訳出にあたった人間の責任は問えない。

そんなことはない、という反論も出よう。いちいち判断をすることまでは訳者に求めていない、訳者はそこにある単語を一言一句そ

のまま訳せばいいのだという反論である。いわゆる逐語訳——literal translation (translating word-for-word or verbation) をすれば事足りるという考えである。この考えは一般に多くあるのだが、もし機械的に単語ひとつひとつを置き換えれば済むのであれば、それこそ翻訳機械に任せればよい。しかし、仮に「日本が過去に犯した過ちを深く反省する」という文章を英語にする時、その「反省」は英語の "remorse" であるのか "contrition" なのか "penitence" "repentance" がよいのか "regret" が適当なのか。あるいは日本語の「反省」は、ニューヨーク・タイムズ紙が真珠湾50周年にあたって主張したように "self-reflection" 程度の意味しかないのか。どの訳語を選ぶかということは、「反省」という単語ひとつを見て、または聞いて、判断できることではない。機械なら、たまたまインプットされている訳語を当てるだけであるが、複数の可能性があった場合、この文脈ではこの訳語、この状況ならこちらのことば、という選択は人間だからこそできることである。しかし、その人間でさえも、充分な背景の知識を持っていなければ、正しい判断は下せないし、したがって正しい訳はおぼつかない。

会議通訳界の大御所であったダニカ・セレスコビッチは Interpreting for International Conferencesの中で、再三にわたり「通訳はことばを訳すのではない。内容を訳すのである」と述べている。

"...in interpretation his (the interpreter's) attention is focused on meaning and is not distracted by words."

"... it is obvious that the interpreter must understand the meaning of the message."

"...an accurate interpreter preserves meaning, not words."

"The interpreter pursues his analysis of the message until it becomes coherent."

　ことばにとらわれるのではなく，内容を把握して，それを訳す，というためには，通訳者自身が十二分に内容を理解することが必要であり，そのためには背景の知識をあらかじめ持っていることが不可欠となる。自分でも何がなんだかわからないようなものを，暗やみを手探りで歩くように訳してみても，コミュニケーションのための橋渡しにはほど遠い。

　特に同時通訳の場合，発言者に確認したり，資料を調べたり，辞書を見たりという時間的余裕は皆無である。その一瞬，その場かぎりの勝負である。となると，どの程度の準備を行ない，どのくらい予備知識を持っているかで成否が決まるとさえいえる。いくらことばそのものを知っていても，全体として何のことかわからないでは通訳はできない。逆に場合によってはマイクやヘッドホンの調子が悪く，単語をいくつか聞き損ねるということだってあり得るが，そのような状況でも背景の知識をしっかり持ち話の内容を論理的に追っていれば，そうあわてずに通訳を続けることができる。

　アポロ11号が人類初の月着陸を果たした際，アームストロング船長は「これはひとりの人間にとっては小さな一歩であるが，人類にとっては大きな一歩である」と地球にメッセージを送った。この宇宙中継を担当した同時通訳者のひとりであった私はこの発言がはっきり聞こえず一瞬たいへん困った。後で聞くと，西山千氏を含め各局で同時通訳をつとめた誰もが同じように困ったようだ。アポロ宇宙中継は専門用語や略語ばかりの上，雑音が多く，しかも宇宙飛行士がボソボソと聞き取りにくい話し方なので，苦労の連続であったのだが，いよいよ月面に第一歩を踏みだすという日本中がかたずをのんで見ている場面での船長の第一声であるから参った。"That's one small step for man, one giant leap for mankind." ということばだったというのは後で知ったが，その時は誰も正確に

は聞き取れず「人間の小さな一歩？　大きな飛躍？　何？」というのが正直なところであった。最初の"man"に冠詞がついていないのも混乱を大きくした。もし，はっきりと"for a man"と不定冠詞が入っていれば，ひとりの人間にとっては小さな一歩でも，となり後がつながるのだが，最初がただの"man"では「人類」「人間一般」という意味になるから，ややこしい。しかし，まがりなりにも，どの局の通訳者も「ひとりの人間にとっては小さな一歩でも，人類にとっては大きな飛躍」という趣旨のことを伝えた。これは，人類にとって初めての月着陸であることを念頭においていたからこそ聞こえない，おかしな文章だと思いながらも，単語にはこだわらずメッセージの真意を汲み取ってとっさの判断で通訳したわけである。これがもしコンピューターなら「聴取不能」と翻訳を拒否するか「冠詞が抜けている。意味不明」とエラー・メッセージでも出すのではなかろうか。ちなみに，後日アームストロング船長が来日した際，記者会見でこのせりふについて質問され，きょとんとして「冠詞がついていたかどうかなど，まったく考えなかったし，覚えてもいない」と語ったと聞き，がっくりした覚えがある。

　同時通訳はかなり極端としても，予備的な知識を背景に内容を訳していく重要性は翻訳であっても同じである。『誤訳　悪訳の病理』の中で，著者・横井忠夫氏は翻訳者に必要な能力として3点を挙げている。対象となる外国語についての知識，日本語についての知識，主題に関する専門知識（および，できるだけ広い知識）である。またロジャー・ベル教授（Bell, 1991）によれば，翻訳するためには 1）その内容（content） 2）著者の意図（purpose） 3）前後の文脈（context）の3点が解明されねばならないという。あたり前のような気もするが，単語レベルに拘泥するあまり肝心の内容を正確に伝えそこなっている翻訳が存在するし，訳すとはことばを訳すことと思い込んでいる向きは依然多いのでこのあたり前のことはいくら強調してもし過ぎることはない。

ここで，いささか議論を元に戻したい。背景の知識を通訳者や翻訳者が持つことは当然として通訳者や翻訳者はあくまで裏方であり透明な存在である。自分が出てきてはならない。通訳者が「私」と言ったら，それは発言者を指すのであり通訳者自身を指すものではない。自分を無にするのが通訳である。その大前提に立って「訳す」ことを行なう場合，通訳者・翻訳者はどの程度の裁量を持つべきなのであろう。どの程度の判断を下すことができるのだろう。どこまでふみこんで訳すかという判断は背景の知識があればあるほど，内容を熟知しているほど，下しやすいのであるが，それでも，どこまで許されるのかというのは難しいところである。

　具体的に説明すると，こんな経験が私にはある。ECからの代表が多く参加したある会議で，終了後ヨーロッパからの参加者からこんな意見が出た。「今日の通訳はたいへん良かった。自然な英語に訳されていて，わたしたちが聞いていて何の違和感もなかった。しかし，どうなのだろう。日本人が発言したものを聞いて，何の違和感もないということは果たしていいことなのだろうか。余りにも英語らしくこなれてしまっていて，日本的なものが失われているのではないだろうか？　たとえ一時的に摩擦が起きたとしても，日本的な言い方や表現などはそのまま直訳した方が，むしろ長い目で見て深い理解につながるのではないだろうか？」日本語をいかに素早く英語らしく通訳するかということに挑戦している感のあった当時の私にはこのコメントは衝撃であった。こういう言い方は英語にはないとスパッと切り捨て，英語としておかしくない訳にするのか。それとも，英語としては奇異な印象を与えるゴツゴツとした訳であっても，それが日本的な言い方ということでそのまま訳出すれば，かえって理解を深めることになるのか。

　同じことは，日本語から英語に限らず，英語から日本語にもいえるし，通訳だけでなく翻訳においても議論できる大きな問題である。いわゆる「超訳」にしても，そうである。日本語としてこなれた訳

文がはたして，どこまで原文のニュアンスを伝えているのか。日本語として違和感がなくなることは，異なった言語や文化の理解に役立つことになるのか，かえって妨げる結果になるのか。

　私自身，この点についての答えはまだ見いだせないでいる。しかし，確実なことはひとつある。異なった言語・文化の間でのコミュニケーションは21世紀を迎えますます盛んになり，それと共に通訳・翻訳の必要性は否応なく増す。その傾向は，国際社会の重要な一員として生きていかざるをえない日本においては，より顕著である。そのような中にあって，通訳・翻訳の役割を「異文化理解のための橋渡し」と明確に位置づけることが，今後の大きな課題であろう。

（鳥飼玖美子）

注
(1) 1993年10月24日東京，「国際教材展」における講演
(2) 1993年11月13日，日本時事英語学会第28回本部研究例会における講演：「翻訳ジャーナリズム——その概念と実際」
(3) NHK情報ネットワークにて1992年5月より開始
(4) 下記に詳しい。
篠田顕子・新崎隆子『英語は女を変える』（はまの出版　1992）
目黒博「通訳への道」（研究社『時事英語研究』1993年3月号）
アルク地球人ムック『通訳事典 '93』（アルク）
ハリー・クイニー：1993年1月31日東京，通訳理論研究会における講演
(5) たとえば次のようなものが出版されている。
別宮貞徳『こんな翻訳に誰がした』『悪いのは翻訳だ』『翻訳の落し穴』『翻訳はウソをつく』（以上，文芸春秋）

W・A・グロータース『誤訳』(柴田武　訳，三省堂　1979)
　　ロビン・ギル『誤訳天国　ことばのPLAYとMISPLAY』(白水社 1987)
　　横井忠夫『誤訳　悪訳の病理』(現代ジャーナリズム出版会 1971)
(6) International Herald Tribune, July 12, 1993.
"Price of Victory: Trouble Seen in U.S.-Japan Trade, by Steven Brull. Tokyo－The weekend U.S.-Japanese trade agreement was an exercise in political expediency that allowed both sides to claim victory, but it raised the prospect of misunderstanding and friction down the road, analysts said Sunday...
Robert Orr, a professor at Temple University in Japan and a former U.S. government official, said the deal fit into a pattern of accords dating back to the 1971 U.S.-Japan textile agreement that set goals but not specific targets, leading ultimately to dashed expectations and mutual recrimination..."

参考文献

Barnlund, Dean C. *Public and Private Self in Japan and the United States*：*Communicative Styles of Two Cultures*. Tokyo：Simul Press, 1975.

Bell, Roger T. *Translation and Translating*：*Theory and Practice*. Longman.1991.

Dollerup, Cay and Loddegaard, Anne, eds. *Teaching Translation and Interpreting*: *Training, Talent and Experience*. John Benjamins, 1992.

福井治弘・浅野輔『英語通訳の実際』研究社，1961．

フクシマ，グレン・S.『日米経済摩擦の政治学』渡辺敏訳．朝日新聞社，1992．

グロータース，W. A.『誤訳』(新版) 柴田武訳．三省堂，1979．

Hall, Edward T. *The Silent Language*. Doubleday, 1959.

近藤正臣『言語・文化・発展途上国——社会科学複眼思考』北樹出版，1989．

国弘正雄・西山千・金山宣夫『通訳』日本放送出版協会，1969．

松本兼太郎・向鎌次郎・中沢弘雄『英語通訳への道』大修館，1976．

中村隆英『昭和史 I (1926-1945)』東洋経済新報，1993．

Newmark, Peter. *Approaches to Translation*. Oxford: Pergamon, 1981.

Newmark, Peter. *A Textbook of Translation*. New Jersey：Prentice-Hall, 1988.

Nida, Eugene & C.R. Taber. *The Theory and Practice of Translation*. Leiden：Brill, 1974.

西山千『通訳術と私』プレジデント社，1979．

岡部朗一『異文化を読む——日米間のコミュニケーション』南雲堂，1988．

Seleskovitch, Danica. *Interpreting for International Conferences: Problems of Language and Communication*. Trans, Stephanie Dailey and E.Norman McMillan. Paris：Minard, 1968. Washington D.C.：Pen and Booth, 1978.

Snell-Hornby, Mary. *Translation Studies：An Integrated Approach*. John Benjamins, 1988.

Wolfson, Nessa. *Perspectives：Sociolinguistics and TESOL*. New York： Newbury House, 1989.

横井忠夫『誤訳 悪訳の病理』現代ジャーナリジム出版会，1971．

9 国際語としての英語
―― さまざまな背景をもつことば

1. はじめに

　日本における英語教育の目的・目標は何か。どのような英語力を育成すればよいのか。これらのテーマについては，これまで幾度となく議論されてきた。その代表的なものは,「教養のための英語」か「実用のための英語」か，という議論であった。しかし，今日の激動する国際情勢を見ていると，国際理解［異文化コミュニケーション（Intercultural Communication）］を目的として，コミュニケーション能力［「多文化英語(Multicultural Englishes)」能力］を育成すればよいのではないか，と思われるような状況が衛星放送等からも伝わってくる。

　ここでいうコミュニケーション能力とは，一部で言われているような単なる「英米語会話能力」のことではなく，また，国際理解とは，イギリス理解やアメリカ理解のみを意味するものでもない。そのような視座からでは，日本は今日的なグローバルな（地球的規模の）国際問題に対処できないのである。今や「東西問題」は「東洋と西洋」という地理的概念に加え,「(旧)東側と西側」という経済制度においても，日々新たな展開を見せている。しかも，この中に，「南北問題」という貧富の格差の問題が内包されているので，ことは更に複雑になるであろう。

　本章では以上の認識に基づいて，「国際理解のためのコミュニ

ケーション能力」の観点から新学習指導要領とその解説書等を詳細に再検討し、「異文化コミュニケーションのための『多文化英語』」の視点から英語教育を考察することとする。

2. 学習指導要領をめぐって

新学習指導要領は平成元年（1989年）3月15日に正式に告示された。これにより、中学校学習指導要領は平成5年（1993年）4月1日より、高等学校学習指導要領は平成6年（1994年）4月1日より施行されることになった。

新学習指導要領の目標の特徴を理解するために、まず、旧『中学校学習指導要領』の外国語(英語)学習の目標を確認しておくことにする。

> 外国語を理解し、外国語で表現する基礎的な能力を養うとともに、言語に対する関心を深め、外国の人々の生活やものの見方などについて基礎的な理解を得させる。（下線は筆者）

さて、今回改定された新『中学校学習指導要領』の外国語（英語）学習の目標は、次のようになっている。

> 外国語を理解し、外国語で表現する基礎的な能力を養い、外国語で積極的にコミュニケーションを図ろうとする態度を育てるとともに、言語や文化に対する関心を深め、国際理解の基礎を培う。（下線は筆者。以下も下線はすべて筆者）
> ［高等学校の場合も本質的に同じ］[1]

ちなみに、新学習指導要領の解説書には、次のような外国語（英語）の学習を通しての「国際理解」観が述べられている。

> 外国語の学習が進むにつれ、日本語や日本文化についての理解が深

まるとともに，外国語に対する興味がわき，その言語を話す人々やその言語をはぐくんできた文化に対する理解が深まることが期待される。

<u>国際理解</u>とは，基本的には，世界の国々や人々について偏見なく正しく理解することであるが，<u>外国のことだけを受け身的に理解することだけではなく，日本の文化や日本人の考え方などを海外に知らせるという積極的な面もあることを忘れてはならない。</u>（中学校）

言語に対する関心とは，日本語と学習対象の外国語の音韻，文法，意味，談話構造などに対する関心であり，その結果として，日本語や外国語の様々な類似点や相違点の理解が深まる。言葉の構造や表現は民族特有の文化に根ざしたものである。そこで，日本及び外国の文化に対する理解も深まることになる。<u>国際理解は，日本人と同じく外国人も独特の文化をもちながら，人間同士として共通の価値観も併せてもっていることを認識することである。</u>（高等学校）

また，解説書には，「コミュニケーション能力」を育成するための配慮事項として，次のようなことが記されている。

個人別，小集団別の指導を生かし，また，視聴覚教材などを活用して，生徒の能力や適正などに応ずるよう工夫をすること。また，<u>ネイティブ・スピーカーの協力を得るなどして，生徒のコミュニケーション能力を育成するとともに，国際理解を深めるよう努めること。</u>
今回の改定における外国語科の改善の基本方針であるコミュニケーション能力，<u>特に，聞くこと及び話すことのコミュニケーション能力</u>を育成するためには，聞くこと，話すことの言語活動を充実させる必要がある。（高等学校）

新旧の『学習指導要領』の外国語（英語）学習の目標を比較してみると，改定のポイントは次のようにいえるであろう。[2),3)]

(1)「言語に対する関心を深め」が「外国語で積極的にコミュニケーションを図ろうとする態度を育てる」となったこと,「外国の人々の生活やものの見方などについて基礎的な理解を得させる」が「言語や文化に対する関心を深め,国際理解の基礎を培う」となったこと(中山 1992b：97)。

もう一つの解釈は,

(2)「外国語で積極的にコミュニケーションを図ろうとする態度を育てる」ことが新たに加わり,「言語に対する関心を深め」が「言語や文化に対する関心を深め」となったこと,「外国の人々の生活やものの見方などについて基礎的な理解を得させる」が「国際理解の基礎を培う」となったこと(和田 1990：8)。

いずれにせよ,学習指導要領の改定とあいまって,「コミュニケーション」と「国際理解」というふたつのキーワードが最近,英語教育界でしばしば使われるようになった。しかし一部には,英語学習の目標を偏向してとらえているふしがある。例えば,新学習指導要領にある「外国語／言語」を「アメリカ英語」に,「国際」を「アメリカ」に単純に置き換えてしまっているのである。

　アメリカ英語を理解し,アメリカ英語で表現する基礎的な能力を養い,アメリカ英語で積極的にコミュニケーションを図ろうとする態度を育てるとともに,アメリカ英語や(アメリカ)文化に対する関心を深め,アメリカ理解の基礎を培う。

このような言語観・文化観・国際観でよいのか。「アメリカ英語」を「日本語」に,「アメリカ」を「日本」に置き換えてみれば,その危険性がわかるのである。

　日本語を理解し,日本語で表現する基礎的な能力を養い,日本語で積極的にコミュニケーションを図ろうとする態度を育てるとともに,日本語や日本文化に対する関心を深め,日本理解の基礎を培う。

つまり，これは例えば，アジアやアフリカの人たちがの日本語を学習する際，「日本人と日本語で積極的にコミュニケーションを図れるようにし，また，日本文化や日本国の理解に努めなさい」ということを意味している。「春」という漢字を学習する非日本人に対し，「3月から5月まで....昼が長く，夜が短くなる。1年中で最も陽気がよく植物の発育期にあたる」（『大辞林』）という，「桜の季節としての『日本の春』」を押し付けることになるのである。このような言語観は最近，「民族語としての言語」観と呼ばれ，「民族語としての日本語」，いわゆる「国語」という概念もその一種なのである。一部の政治言語学者たちは，この民族言語や民族文化の押し付けを言語帝国主義とか文化帝国主義と呼び，非難し続けているのである。しかし依然として，民族語としての言語（英語）の立場を強調しすぎる人が多い。

小笠原林樹氏（1987：30, 34）は，中高の英語教育における異文化（国際）理解教育の実態について，生徒の英語文化の知識はきわめて少量であり，文化理解度は低いと述べている。さらに，実は文化知識の低いのは，なにも生徒たちだけではなく，そもそも英語教師自身が英語の異文化面のことをあまり認識していないと述べ，次のような例をあげている。

英米には日本の［ビールの］中瓶や大瓶のサイズのものはないようである。小さな瓶しかないのである。いま2人でビールを飲む時，日本人はまず大瓶を1本とってこれを相互に注ぎあって飲むのが普通である。これに対し英米などでは2人はそれぞれ自分の小瓶を1本ずつとって，自分のコップに自分でついで飲むのが普通であって，<u>ひとのコップにビールを注いであげるなどというのは大きなお世話なのである。ひとは個人ペースで飲めばよいのである。だいいち自分の注文した瓶は my bottle なのであり，相棒のそれは your bottle なのであって，その区分が曖昧になってしまうような行為は落ち着かないの</u>

である。

この例には、ふたつの点で問題があるようである。第1に、ピザなどを囲んでビールを飲む時、英米人でも時には大ジョッキから「注ぎあって飲む」こともあり、ましてワインについては、ボトルを「分けあって飲む」のが通常であるという事実である。もちろん、日本人のように条件反射的に「注いであげる」という習慣はないにしても、特に欧米人にとってワインのボトルは日本の大瓶ビールに相当する文化的役割を果たしているのである。第2の点は第1の点より重要である。「異文化理解」を、相互理解・相互主義ではなく、「一方的な理解」もしくは「英米文化至上主義」の立場から論じている点である。つまり、「英米ではこうこうであるから、日本人もそうしなさい」という論法である。この立場を取る人は英米人の中に特に多い。

イギリス人の James Kirkup 氏（1983：116）は次のように述べている。

In order to speak good English, <u>you must try to adopt an English mentality, English gestures, English behaviour, because linguistic fluency goes with natural English attitudes and manners.</u>

（"good English"を話すためには、<u>English のメンタリティー、English のジェスチャー、English のふるまい方を取り入れるように心がけなければならない。なぜならば、言語の流暢さは自然な English の態度や作法に伴って付いてくるからである</u>）

アメリカ人の Leo Perkins 氏（1987：43）も次のように述べている。

Through language, Americans express ideas, feelings and attitudes related to (these and other) cultural activities.

To function properly in English, Japanese students must learn to use English with proper cultural meanings, understandings and interpretations.

（アメリカ人は，言語を通して，(これらや他の) 文化現象に関連する思想，感情や態度を表現するのである。Englishを使って"適切に"対処するためには，日本の学生は"正しい"文化的な意味を把握し，理解し解釈できるようにEnglishを学ばなければならない）

伊藤克敏氏（1991：2）も，英語を教えることによって異文化に関心を持たせることも大切であると述べている。言語と社会・文化は表裏一体であり，英語の発音や文法構造がうまく操れたとしてもそれだけでは，どのような社会的場面でどのような英語を使ったらよいのかがわからない。つまり，英語の「言語能力」(linguistic competence) は習得したが，「伝達能力」(communicative competence) が身に付いていないということになると述べ，次のような例をあげている。

　米国人の場合，親しくなればなるほど心理的な距離が近くなり，「自己露出」(self-exposure) の度合いが濃くなる。これは，交際しはじめてかなり早い時期に first-name basis に移ろうとすることと呼応している。こういった言語習慣上の違いを，何歳頃から意識させるかについては議論の余地があろうが，英語の社会・文化的側面に注意を向けることによって，子どもを bilingual だけでなく，bicultural な存在に育てて行くことになろう。....そういったことが国際感覚の涵養に大いに役立つであろう。

では，この「国際感覚」なるもので，筆者が伊藤氏に対して"Hey, Katsutoshi!"と英語で話しかけたらどのようなことになるのか。それこそ，異文化伝達能力 (intercultural communicative competence) が身に付いていないということで，ひんしゅくを買

うことになる。米国人同士の人間関係と日本人同士の人間関係では、「社会・文化的言語習慣」が異なるからである。かつて新任のアメリカ人の同僚の教員に"Yuki(hiro)"と呼ばれた時、筆者が不快感を示したこともあり、その同僚は今では"Nakayama-sensei"とか"Sensei"とか、時には"Prof. Nakayama"とか"Nakayama-san"と言うようになった。

英米人の言語習慣を金科玉条のごとく尊ぶ「民族語としての英語」は「外国語としての英語 (English as a Foreign Language＝EFL)」と、一脈合い通ずるところがある。

By English as a Foreign Language (EFL) they mean English taught as a school subject or on an adult level solely for the purpose of giving the student a foreign language competence which ［s/］he may use in one of several ways— <u>to read literature, to read technical works, to listen to the radio, to understand dialogue in the movies,</u> ［or］ <u>to use the language for communication, possibly with transient English or Americans</u> (Marckwardt 1963：25).

（EFLとは学校の教科として教えられる英語、または、成人レベルでは、以下のような目的のために活用される外国語能力を学習者に与えるために教えられる英語のことである――<u>文学書が読めること、技術書が読めること、ラジオが聴けること、映画が理解できること、そしてイギリス人やアメリカ人とコミュニケーションを図るために英語が使用できること、である</u>）

前述の小笠原, Kirkup, Perkins, 伊藤4氏の英米文化帝国主義・英米文化至上主義に基づいた英語観は、戦前はイギリス、戦後はアメリカの文明・文化の摂取吸収と、イギリス人やアメリカ人とのコミュニケーションを日本の英語教育の主な目的にしてきたこととおそらく無縁ではなかろう。また、「外国語としての英語」には

多かれ少なかれ，イギリス人やアメリカ人の言語的規範・文化的モデルを非英語国民に押し付けるという意味で，イギリスとアメリカの英語・文化支配型の言語・文化観が内在している。「外国語としての英語」教育では，日本は今日的なグローバルな国際問題に対処できないのである。つまり，「異文化コミュニケーションのための『多文化英語』」の視点から英語教育をとらえ直さなければならないということである。

3. 異文化コミュニケーション (Intercultural Communication)

異文化コミュニケーション (Intercultural Communication) にはさまざまな定義がある。例えば，

◆文化的背景の異なる人々がお互いを理解し，また，理解させる技能 (Sitaram 1970)
◆コミュニケーションを行う際，当事者が長年に渡りそれぞれ培ってきた集団としての経験，知識，価値観を持ち込む時，常に起こるもの (Samovar and Porter 1972)
◆風俗，習慣，言語，価値観等，文化的相違のある状況の中で起こるコミュニケーション (Stewart 1974)
◆植民地・宗主国という関係を以前に持たない当事者同士で，文化的背景の異なる人の間のコミュニケーション (Rich 1974)
◆文化的背景の異なる人の間のインターアクション (Sitaram and Cogdell 1976)

等である。しかし，ここでは便宜的に，「文化的背景の異なる人々の間で起こるコミュニケーションで，お互いの文化的相違を優劣のないものとして認め合い，受け容れ合い，尊重し合うコミュニケーション」(Nakayama 1988:98) としておくことにする［多文化相

対主義]。この多文化相対主義の視点に、まずは、立つべきである。この概念は、コントラカルチュラル・コミュニケーション (Contracultural Communication) とは好対照をなすものである。

コントラカルチュラル・コミュニケーションとは、「ある文化がその[固有の]価値観で他の文化を威圧し、主従関係を成立させた人々の間で起こるコミュニケーション」(Rich 1974：5) である[自・他文化絶対主義]。他文化絶対主義に基づいたコミュニケーションとは、例えば、日本人がイギリス人の文化的価値観を受容することを前提に、日本人とイギリス人が交流ではなく、直流するタイプのコミュニケーションである。

一般論としては言語と文化は切り離すことはできないといえる。しかし、英語とアングロサクソン文化は不可分の関係にあるという認識は現実とはかけ離れたものとなっている。数年前、英国でBritish Council 主催の英語教育専門者会議に参加した安藤昭一氏 (1991：xvii) は、中東諸国へ英語を教えに行っている英国人教師たちより、次のような報告を聞いて目が覚めたと述べている。

> イギリスの文化の話などしようものなら生徒たちが怒りだす。例えば 'spring' はイギリスの春ではなくて自分たちの[中東の]春なのだ。とにかく英語を使えるようにしてくれればよいのだ、と。

われわれはコントラカルチュラル・コミュニケーションではなく、異文化コミュニケーションの立場を取るべきである。つまり、われわれに現在求められているのは、非英語国民が英語国民の固有の文化的価値観を受容することを前提にせず、相互に真の交流を目ざし、世界の人々が自分自身の価値観を相対化し、グローバルな価値観（普遍的な共通の価値観）をいかに創造・構築するかという視点からの異文化コミュニケーションなのである。普遍的な共通の価値観の創造・構築は容易なことではなく、そこには当然、文化摩擦

が予想される。しかし，この摩擦解消のための修復作業（repair work）のプロセスこそが，異文化コミュニケーションの神髄なのである（中山 1990）。新たな「東西南北問題」が混在し，激動する国際情勢を見ていて，ますますその感を強くする昨今である。

英語教育界においても最近，Sandra Savignon 氏（1983）が提示した戦略的能力（strategic competence）が注目され始めた。和田稔氏の解説論文（1991：3）を引用し，宮本英男氏（1991：2）も，次のように戦略的能力（修復作業能力）の重要性に注目している。

> ....本当に「話すこと」の言語活動を行うためには，「戦略的能力」を習得させる指導が必要であるが，実際にはほとんど行われていない（からである）。....今後，本当の『表現力』を習得させるためには，「戦略的能力」を身に付けさせる具体的な指導の場面を授業の中に設定していかなければならない。（下線は宮本氏）

Savignon 氏（1983：40）は次のように書いている。

> There is no such person as an ideal speaker/hearer of a language, one who knows the language perfectly and uses it appropriately in all social interactions... The strategies that one uses to compensate for imperfect knowledge of rules... may be characterized as a strategic competence, the fourth component of communicative competence in the Canale［1983］framework.
>
> （言語を完全に知りつくし，すべての社会的な営みにおいて適切に使いこなせるような完璧な言語使用者などいない。...［言語］規則に関する不完全な知識を補うために用いるこの戦略は，...「戦略的能力」と呼べるであろう。この能力は Canale［1983］の枠組みでは伝達能力の第4番目の構成要素である）

具体的には,この戦略的能力は次のような時に有効である。

What do you do when you cannot think of a word? What are the ways of keeping the channels of communication open while you pause to collect your thoughts? How do you let your interlocutor know you did not understand a particular word? or that he or she was speaking too fast? How do you, in turn, adapt when your message is misunderstood? Adult native speakers routinely cope with a variety of factors that, if not taken into account, can result in communication failure. The strategies we use to sustain communication include paraphrase, circumlocution, repetition, hesitation, avoidance, and guessing, as well as shifts in register and style.

　(単語を思い出せない時,どうするのか。考えをまとめるための間をおいている時にコミュニケーションの手段を確保しておく方法には,どのようなものがあるのか。特定の単語が理解できなかったことを,どのように対話の相手に伝えるのか。相手が速く話しすぎている時はどうするのか。言ったことが誤解された時,どのようにすればよいのか。もし注意しなければコミュニケーションが失敗に終わるであろう数多くの状況に,経験豊富な英語国民は日常,対処しているのである。コミュニケーションを維持するために用いる戦略には,言い換えること,色々と表現を変えて意味を伝えること,繰り返し自分の意図を伝えること,ためらうこと,避けること,そして推測することや,レジスターとスタイルを変えること等がある)

4. 多文化英語 (Multicultural Englishes = ME)

異文化コミュニケーションを図るためには多くの場合,言語が必要になってくるが,その言語を筆者は「<u>多文化英語 (Multicultural Englishes)</u>」と呼んでいる。「多文化英語」とは,「さまざまな国

の人々がお互いの意志の伝達を図るために用いる英語」(Smith 1976: 38) で,「英語使用国への言語的同化・文化的同化 (linguistic and cultural assimilation) が必ずしも要求されない口語・文語の英語」(遠山 1979: 380) である。日本語やその他のいかなる言語も,もちろん,「多文化言語」になる可能性はある。現実に,日本語はアジアにおいては,好むと好まざるとにかかわらず,第2の「多文化言語」になりつつある。しかし,ここでは,英語が「歴史的偶然」によって,すでに事実上の「世界語」となっているという現実を踏まえて,論を進めることにする。

英語というものはひとつの言語であるが,同時に数多くの異種 (varieties) がある。英語は脱国家化 (de-nationalize) できるし,また,そうしなければならない。つまり,脱英米化 (de-Anglo-Americanize) しなければならないのである。どの国や地域の英語も「多文化英語」のうちのひとつでしかなく,また,すべての英語は同等の価値を持っており,使用者の価値観を等しく表現できるのである。英語は,今日のグローバルな社会においては「多文化化」「多様化」「土着化」「超民族化」しなければならないのである (cf. Nakayama 1989)。

例えば,三井物産の(故)若王子氏の英語は一種の「多文化英語」である。イギリス英語でもなければ,アメリカ英語でもない。それでいて英語であることは世界の多くの人が認めている。推測するに,若王子氏はフィリピンにおいてニッポン英語を使用しニッポン発信型のコミュニケーションと,フィリピン英語を通しフィリピン受信型のコミュニケーションに終始していたのであろう。

英語の国際化と「多文化化」の一例はカンボジアにも見られた。国連カンボジア暫定行政機構は市民警察を組織し,多国籍の混成チームで交通整理などにあたっていた。「参加国はアジア,ヨーロッパはもちろん,アフリカ,中南米など35か国に達する。お国なまりの強い片言の英語が無線で飛びかう」と,『朝日新聞』は報

じていた (本名 1993)。

現在,英語には,イギリス人やアメリカ人等が民族言語 (native language) として使用する側面と,世界のさまざまな国の人々が国際言語 (international language) として使用する側面とが共存している。後者の立場に立てば,各地域の英語は,それぞれの存在価値を持った優劣のない異種なのである (筧 1986)。

同じようなことが柔道についてもいえるであろう。国際的に普及する以前は日本の「民族武道」としての柔道のみが「唯一の規範」であったが,今や世界中でジュードーはスポーツとして受けとめられている。このジュードーには,各国や地域にそれぞれの流儀があり,それなりに「優劣のない異種」なのである。言語・文化でも武道でも,多くの国や地域に普及すると,「本場以外の多文化種(その国や地域固有の「異種」)」が生じるということである。日本化したベースボール,アメリカ化した寿司,ヨーロッパ化したインドカレー,そしてロシア化したデモクラシー等,枚挙にいとまがない。

さて,「多文化英語」の要点を項目別にまとめると,以下のようになる。

言語使用者 (Language User)

かつての英語の教材では,John や Mary といった英語国民同士の言語活動を読み・書き・聞き・真似るという方法で学習してきた。その後,英語国民(主に白人アメリカ人)に Taro や Hanako といった非英語国民(日本人)が対応するという教材が出版されるようになった。しかし,非英語国民同士のコミュニケーションはどうなっているのであろうか。

英語は英語国民同士,英語国民と非英語国民,そして,さまざまな国の非英語国民同士の間で使用されているが,近年,非英語国民同士の英語使用が急増しているのである。例えば,日本人とアジア人,アフリカ人,そして,ロシア人を含むヨーロッパ人等である。

しかし，英語の教材では非英語国民同士の英語使用をいまだにほとんど想定していないようである。

文化的重点 (Cultural Emphasis)

前述したように，一般論としては言語と文化は切り離すことはできないといえるが，英語とアングロサクソン文化は不可分の関係にあるという認識は現実とはかけ離れたものとなっている。

つまり，イギリスの文化やアメリカの文化だけが「英語の文化」ではなく，文化的重点は学習者の興味やニーズに合わせた特定の国や地域の文化に置かなければならないのである。例えば，ヨーロッパ，アフリカ，中東（西アジア），そして，日本（東アジア）等の文化である。日本文化の固有性発信型の英語教育の必要性の根拠はここにある。

表現ターゲット (Production Target)

日本の英語学習者はイギリス英語やアメリカ英語を習得しようと努力をしてきたが，英語の表現ターゲットと認識モデルを区別しないで学習しているところに根本的な問題があるのである。

日本人が習得すべき表現ターゲット——学習者が教育システムにおける学習を修了した時に話せたり，書けたりできる英語——については，非英語国民である以上，イギリス英語やアメリカ英語を習得することは不可能である。また，意志疎通の観点から，完全にマスターする必要はないともいえる。さらに，イギリス英語やアメリカ英語を必要以上に物まねすれば，日本人としての民族・社会言語学的な (ethno-sociolinguistic) アイデンティティを喪失する危険性もあり，避けたほうが賢明である。an indigenous and/or ethnic variety of "valid English"（その地域や民族固有の「妥当な英語」）でいいのである。

認識モデル（Recognition Model）

　日本人が学習すべき認識モデル——教室で使用される口語・文語のテキストと，教師が話し，書く英語——は，妥当な英語であれば，英語国民のものでも非英語国民のものでもよい。イギリス英語やアメリカ英語だけでなく，アジア，アフリカ，そして，ヨーロッパの英語にも触れていかなければならないのである。アジアの英語のひとつの異種であるシンガポール英語の文法的「特徴（distinctive features)」として，本名信行氏（1990：12-16）は次のような例をあげている。

◆動名詞の代わりに不定詞。 I am looking forward to see you.
◆間接疑問文は「述語」+「主語」。 May I ask where is the stamp counter?
◆不定冠詞の省略。 May I apply for car license?
◆名詞複数形の無表記。 Very few student can come on Friday.
◆動詞語尾変化の無表記。 He always go there every Sunday.
◆不加疑問文は is it? She is from Japan, is it?
◆疑問文での do の省略。 What you want?
◆過去形としての過去分詞。 We gone last night.
◆can と cannot の独立使用。 You read Chinese, can or not? ——Can (or Cannot).
◆述語の独立使用。 Is he angry with me? ——Angry.
◆目的語の省略。 Can I renew?
◆be 動詞の省略。 His teaching not so good.
◆will の未来副詞化。 That will depends.
◆マレー語終助詞 *la* の使用。 Hurry up *la*.（急いでネ）

言語学習者（Language Learner）

　非英語国民のみならず，英語国民も円滑なコミュニケーションを図るために努力をしなければならない。イギリス人やアメリカ人

は，現在のように，イギリス英語やアメリカ英語の規範に従うことを非英語国民に強要すべきではなく，非英語国民の「多文化英語」の異種を受け容れなければならないのである。「国際語としての英語（English as an International Language）」を提唱している学者の中で，その中心的な人物のひとりであるアメリカ人の Larry Smith 氏（1978：7）も，次のように論じている。

Native speakers must be taught what to expect in spoken and written form when they communicate in English with other (inter)nationals. Native speakers should listen to tapes of non-native speakers talking in English, read business documents written in English produced by multinational corporations, and read literature written in English by non-native speakers. They should be encouraged to write in English for a multinational audience as well as for a national non-native English-speaking audience and see how these differ from writing for a native English-speaking audience.

（英語国民は他の国の人と英語でコミュニケーションを図る時には，自分自身の英語とは異なる種類の口語体と文語体の英語を学ばなければならない。また，英語国民は非英語国民が英語で話しているカセット・テープを聞かなければならなく，多国籍企業によって作成された英文のビジネス書類も読まなければならないのである。さらに，非英語国民によって英語で書かれた文学作品も読まなければならない。英語国民は，ある国の非英語国民の読者だけでなく，国際的な読者に向けて英語でものを書くことも積極的にやり，これらが英語国民の読者向けに書くことと，いかに違うかということを体得すべきである）

5. まとめ

以上,「国際理解のためのコミュニケーション能力」の観点から

新学習指導要領とその解説書等を詳細に再検討し,「異文化コミュニケーションのための『多文化英語』」の視点から英語教育を見てきた。

　日本の英語学習者はイギリス英語やアメリカ英語を習得しようと努力をしてきたが,英語の表現ターゲットと認識モデルを区別しないで学習しているところに根本的な問題があるのである。日本人の学習者が習得すべき表現ターゲットについては,ネイティブ英語を習得することは不可能であり,その必要もなく,さらに,ネイティブ英語は習得すべきではないともいえる。妥当なニッポン英語でいいのである。他方,日本人が学習すべき認識モデルは,妥当な英語であれば,英語国民のものでも非英語国民のものでもよい。もちろん,日本人教師の英語も,妥当な英語であれば,必ずしもネイティブ英語でなくてもいいのである。

　英語は英語国民同士,英語国民と非英語国民,そして,さまざまな国の非英語国民同士の間で使用されているので,文化的重点は学習者の興味やニーズに合わせた特定の国や地域の文化に置かれなければならない。しかも,非英語国民のみならず,英語国民自身も円滑なコミュニケーションを図るために努力しなければならないのである。すなわち,英語における相互主義の提唱である。

　このような「多文化英語」の視点に立って異文化コミュニケーションを図り,普遍的な共通の価値観の創造・構築を実現させたいものである。

（中山行弘）

【付記】本稿は拙稿「国際理解のための英語教育」(『スピーチ・コミュニケーション教育』第 6 号, pp.41-52, 1993, 日本コミュニケーション学会) を大幅に改稿し,補筆・修正したものである。

　　　　　　　　　　　　　注
1）新中学校学習指導要領の「社会」と「道徳」の学習の目標は，それぞれ次のようになっている。

　広い視野に立って，我が国の国土と歴史に対する理解を深め，公民としての基礎的教養を培い，<u>国際社会に生きる民主的，平和的な国家・社会の形成者として必要な公民的資質の基礎を養う。</u>（社会）

　….個性豊かな文化の創造と民主的な社会及び国家の発展に努め，<u>進んで平和的な国際社会に貢献できる主体性のある日本人を育成するため，その基礎としての道徳性を養うこととする。</u>（道徳）

2）今回の学習指導要領の改訂に当って，教育課程審議会の最終答申（1987年12月）は外国語(英語)の改訂の基本方針について，次のように述べている。

　中学校及び高等学校を通じて，国際化の進展に対応し，<u>国際社会の中に生きるために必要な資質</u>を養うという観点から，<u>特にコミュニケーション能力の育成や国際理解の基礎</u>を培うことを重視する。….さらに，これらを通じ，<u>外国語の習得に対する生徒の積極的な態度</u>を養い，<u>外国語の実践的な能力</u>を身に付けさせるとともに，<u>外国についての関心と理解</u>を高めるように配慮する。

この最終答申の「教育課程の基準の改善のねらい」における「国際理解」とは，一方的な理解ではなく，「相互理解」あるいは「国際相互理解」であると，和田稔氏（1990：9）は述べている。改善のねらいの4つの観点のうちの最後の観点を見れば，このことがわかるのである。

　〈4〉<u>国際理解を深め，我が国の文化と伝統を尊重する態度の育成を重視すること</u>
　国際化が進む中にあって，次代に生きる日本人を育成するためには，

これからの学校教育において，諸外国の人々の生活や文化を理解し尊重するとともに，我が国の文化と伝統を大切にする態度を育成することを重視していく必要がある。
　そのためには，我が国の文化と伝統に対する関心や理解を深めるようにするとともに，日本人としての自覚をもって新しい文化の発展に貢献するような教育の充実を図る必要がある。それとともに，諸外国の文化に対する理解を深め，世界と日本とのかかわりに関心をもって国際社会に生きる日本人としての自覚と責任感を涵養することに配慮しなければならない。

　国際理解の基礎を培ったり，理解を深めたりするには教材の果たす役割が大きい。新学習指導要領では，次のような教材についての配慮事項が新たに加えられた。

　教材は，その外国語を使用している人々を中心とする世界の人々及び日本人の日常生活，風俗習慣，物語，地理，歴史などに関するもののうちから，生徒の心身の発達段階及びその興味や関心に即して適切な題材を変化をもたせて取り上げるものとする。その際には，外国語の理解力と表現力を育成することをねらいとしながら，次のような観点に配慮する必要がある。
ア）広い視野から国際理解を深め，国際社会に生きる日本人としての自覚を高めるとともに，国際協調の精神を養うのに役立つこと。
イ）言語や文化に対する関心を高め，これらを尊重する態度を育てるとともに，豊かな心情を育てるのに役立つこと。
ウ）世界や我が国の生活や文化についての理解を深め，国際的な視野を広げ，公正な判断力を養うのに役立つこと。

3）今回の教育課程審議会の最終答申は，中央教育審議会の経過報告や臨時教育審議会の答申を踏まえているが，以下，後者の教育改革に関する

第1次答申から第4次最終答申までの要点を見ることにする。

◆第1次答申（1985年6月）

　国際化時代に対応して，我が国の教育機関を国際的に開かれたものとするとともに，国際社会に生きる日本人の育成を期して，留学生の受け入れ，外国の高等教育機関との交流，学術研究上の国際協力，<u>国際理解教育，語学教育</u>，海外子女・帰国子女教育などの在り方について検討する。

◆第2次答申（1986年4月）

　これからの国際化の進展を考えると，日本にとって，これまでのような<u>受信専用でなく，自らの立場をはっきりと主張し，意思を伝達し，相互理解を深める必要性</u>が一層強まってくる。<u>その手段としての</u>外国語，とくに<u>英語</u>教育の重要性はますます高まってくるものと考える。

◆第3次答申（1987年4月）

　外国語とくに英語の教育においては，<u>広くコミュニケーションを図るための国際通用語（リンガ・フランカ）習得の側面に重点を置く必要があり</u>，中学校，高等学校，大学を通じた英語教育の在り方について，基本的な見直しを行う。....国際通用語としての英語に対し，いわば<u>民族言語としての英語の教育もおろそかにされてはならない。</u>

　国際社会に通用する日本人として，<u>主体性を確立しつつも自らを相対化する態度と能力</u>を有することが要請される。

◆第4次最終答申（1987年8月）

　外国語とくに英語の教育においては，<u>広くコミュニケーションを図るための国際通用語習得の側面に重点を置く必要があり</u>，中学校，高等学校，大学を通じた英語教育の在り方について，基本的に見直し，<u>各学校段階における英語教育の目的の明確化，学習者の多様な能力・進路に適応した教育内容や方法の見直し</u>を行う。

　国際社会に通用する日本人として，<u>主体性を確立しつつも自らを相</u>

<u>対化する態度と能力</u>を有することが要請される。

1985年当時, 臨時教育審議会第4部会会長であった飯島宗一氏 (1986: 20) は, 10月27日に大学英語教育学会 (JACET) の全国大会での講演で, 次のように述べている。

> <u>英語と他の外国語とは, そのあり方が基本的に違う</u>のではないかと私は最近思っている。というのは, 米語, 英語, 第三国の英語という3種類の英語が経済, 政治, 文化学術の面, 日常生活の面でも席巻しているので, <u>英語を含めて外国語として考える段階は過ぎ去り, 国際語である</u>という感覚で今後とらえていかなくてはならないのではないか。現実に国際語になっているにもかかわらず, 依然として<u>外国語のひとつとして考えて, 他の外国語と基本的には同じ意識, 同じパターンで物を扱っていこうとしている</u>所に問題があるのではないか, という感じがする。

ちなみに, 新学習指導要領には, ドイツ語, フランス語, そして, その他の外国語については, 英語［外国語］学習の目標に基づき, 各学年の目標及び内容に準じて行うものとする, とある。

参考文献

安藤昭一（編）『英語教育 現代キーワード事典』大阪：増進堂, 1991.

Canale, M. "From Communicative Competence to Communicative Language Pedagogy." *Language and Communication*. London： Longman, 1983.

本名信行（編）『アジアの英語』東京：くろしお出版, 1990.

本名信行『文化を越えた伝え合い』東京：開成出版, 1993.

飯島宗一「教育改革と英語教育」『JACET 全国大会プロシーディングズ』, pp.18-23, 1986.

伊藤克敏「巻頭言」『JASTEC 研究紀要』第10号, p.2, 1991.

筧壽雄「共通の英語と変容の英語」『現代英語教育』2月号，pp.10-12，1986.

Kirkup, J. *Contrasts and Comparisons*. Tokyo： Seibido, 1983.

Marckwardt, A. "English as a Second Language and English as a Foreign Language." *PMLA*, 78(2), pp.25-28, 1963.

宮本英男「巻頭言」『JELES 英語教育研究』第14号，pp.1-2, 1991.

Nakayama, Y. "Multinational Englishes (ME) and Intercultural Communication (IC)." *JACET Presentation Abstracts,* pp.98-99, 1988.

Nakayama, Y. "Some Suggestions for Multinational Englishes (ME)." *JALT Journal,* 11(1), pp.26-35, 1989.

中山行弘「何を目的としてどんな英語を学ばせたらよいか」『児童英語指導法ハンドブック』東京：杏文堂, pp.28-31, 1990.

中山行弘「異文化コミュニケーションのための英語」『現代英語教育』2月号, pp.19-21, p.31, 1992 a.

中山行弘「英語教育における国際理解」『JELES 英語教育研究』第15号，pp.96-105, 1992 b.

小笠原林樹「英語教師は『文化』面を教えているのであろうか？」『JELES 研究集録』第10号，pp.29-34, 1987.

Perkins, L. "Teaching Culture with Language."『JELES 研究集録』第10号，pp. 35-43, 1987.

Rich, A. *Interracial Communication*. New York： Harper and Row, 1974.

Samovar, L. and Porter, R. (eds.) *Intercultural Communication*. Belmont, California： Wadsworth, 1972.

Savignon, S. *Communicative Competence*. Reading, Mass.: Addison-Wesley, 1983.

Sitaram, K. "Intercultural Communication: The What and Why

of it." Paper presented at the Annual Meeting of the International Communication Association, Minneapolis, 1970.

Sitaram, K. and Cogdell, R. *Foundations of Intercultural Communication.* Columbus, Ohio : Charles E. Merril,1976.

Smith, L. "English as an International Auxiliary Language." *RELC Journal*, 7(2), pp.38-53, 1976.

Smith, L. "Some Distinctive Features of EIIL vs. ESOL in English Language Education." *Culture Learning Institute Report* (Hawaii: East-West Center), 5(3), pp.5-11, 1978.

Stewart, E. "Definition and Process Observation of Intercultural Communication." *Proceedings of Speech Communication Association Summer Conference,* 10. New York: Speech Communication Association, 1974.

遠山淳「英語教育と比較文化」『限りなき前進を』日本YMCA同盟出版部, pp.367-396, 1979.

和田稔「新学習指導要領がめざす国際理解教育」『英語教育（大修館）』4月号, pp.8-10, 1990.

和田稔「コミュニケーション能力（その6）」『英語教育（開隆堂）』2月号, pp.2-3, 1991.

10 日本語教育と
異文化コミュニケーション
——タイからの報告

1. はじめに

　外国人のあいだで，日本語学習がさかんになっている。文化庁の調査によれば，国内で日本語を学習している外国人の数は1990年に43,368人に達している。1975年に10,492人を記録して以来，年々増加している。中曾根元首相は2000年までに10万人の留学生を受け入れると述べたし，細川首相も同様の発言をしている。

　また，国際交流基金の調べでは，海外の学校で日本語を学んでいる人の数は1970年に8万人弱であったが，今は58万人におよぶ。これに企業内教育や個人指導，あるいはテレビやラジオなどで独習している人々を加えると，海外の日本語学習者は300万人にもおよぶといわれている。

　また，外国人の日本語学習の動機や目的には，大きな変化がみられる。以前は日本の伝統的な文化を知るということであったが，最近は日本人との効果的なビジネスのためというのが目立つ。日本語学習者の大多数をしめているアジア・太平洋地域では，日本語を道具として，日本の高度成長の秘密を知り，先端技術を学ぶということのようである。

　さらに，アジアの日本語学生は，日本語がアジアにおける国際コミュニケーションのための言語となることに，高い期待をいだいているとも考えられる。このことは日本人の外国語べたに対する反応

でもあるが、日本語の現代的な価値の反映でもある。このことはあとで、くわしく述べたい。

ところで、日本政府はこのような状況に充分に対応しているのだろうか。たしかに、文部省は大学で日本語教員の養成に力を入れはじめた。日本語教員養成プログラムを副専攻と認めるという斬新な試みは有効である。また、民間機関による日本語教員養成プログラムもあちこちにみられるようになった。

しかし、政府は留学生の受け入れにともなう宿舎の整備や経済的支援策、あるいは公的な語学教育機関の設立などにはほとんど手をつけないできた。さらに、政府は最近の報告書のなかで、「質の高い学習機会の提供」をめざすとしながらも、日本語学校で学ぶ就学生の入国を制限する方向を示した。

就学を隠れみのにした不法就労が社会の問題になっていることを前提に、初歩的な日本語能力を日本語学校の入学条件としたのである。入学が許可されなければ、就学ビザは下りない。日本語を勉強するために日本の学校に入るはずなのに、日本語ができないといって入学が許可されないのでは、順序があべこべである。

日本企業も外国人の人材を採用するにあたって、日本語に優れていることを必ずしも条件としないところもある。このことは日本語学生がいだいている日本語学習に対する大きな動機をそこなうことにつながり、重要な問題となろう。日本人は日本語の普及に、ほんとうは熱心ではないのではないかとさえ感じられる。

また、日本語能力をかって採用すると、通訳とか翻訳の業務しか与えないこともある。外国の学生の多くは日本研究のひとつの課程として日本語を学んでおり、日本の政治、経済、文化、社会などの勉強もしている。彼らを日本語能力だけに限定してしまうと、大人小用となりかねない。

このような問題に対処するためには、海外における日本語の普及に関連した諸問題を、本格的に見直す必要がある。まずは、現地で

の状況を知ることが大切である。以下で、私たちがタイ王国で行なっている調査の一部を報告し、問題を考えるきっかけとしたい。なお、日本語の普及は日本の国際化と切っても切れない関係にあるので、ここでは言語以外の問題もあつかう。

2. 調査の概要

タイ王国における日本語教育と日本語を用いたコミュニケーションに関する私たちの調査は、1993年に始まった。この調査には主に、ふたつのアプローチがある。ひとつは、現在日本語を学習しているタイ人に関する調査、もうひとつは在タイ日本・日系企業でタイ人と一緒に仕事をする日本人に関する調査である。

タイ人の日本語学習者については、1993年8月、タイ王国の首都バンコクにあるチュラロンコン大学で日本語を専攻する学生113名、同じく国際交流基金バンコック日本文化センター日本語学校の学生117名、合計230名に対してタイ語によるアンケート調査を行なった（注1）。男女の内訳は、無回答の2名を除くと、男性34名、女性194名である。日本人については、1993年3月、8月、9月に、日本・日系企業12社の代表と面会し、インタビューによる調査を行った。こちらは全員、男性である。

調査の対象となったタイ人の日本語学習者について、理解しておかなくてはならないことがある。チュラロンコン大学は俗に「タイの東大」といわれるように、しかも大学進学者は国民全体から見れば、ごく一部の恵まれた層に限られていることからもわかるとおり、協力してくれた大学生は、タイ国民全体の意見を反映する人々というよりは、経済的にも政治的にも、そして文化的にも、将来のタイの進路を決定していくバンコクの一部の知識層、またはその卵である。国際交流基金バンコック日本文化センター日本語学校の学生には、この傾向がさらに強い。ここの学生には初心者も含まれて

いるが，大学で日本語を専攻中であるか，すでに大学での日本語を終えて社会人として活躍している人々も多い。彼らの中には，日本語学習歴10年以上という人々も数人であるが含まれている。

また，インタビューに応じてくださった日本・日系企業は次の12社の代表者や社員の方々である——丸紅泰国会社，ユアーズＢＫＫイン，タイ大林組，国際協力事業団，パンアジアエンタープライズ，ＵＦＭフジスーパー，佐竹タイランド，大日カラー，タイ日清ＤＣＡ，山種産業，Ｘ商事，横河電気（面接順）。社員総数10名から700人までバラエティに富み，業種もさまざまで，協力者個人の在タイ年数も一定ではないが，バンコク勤務に情熱を傾け，タイ王国とその国民に好感を持ち，タイ人とのよりスムーズなコミュニケーションを望んでおられる。

3. 日本語の授業に対する学生の満足度

まず，タイ王国では日本語の学習を希望する人々に対して，充分な機会が与えられているだろうか。この点で，学生の満足度はかなり高いと思われる。約7割の人々が，機会は充分にあると考えている。ただし，日本語学習者の人口の約9割はバンコクに集中している。政治や経済だけでなく，日本語教育においても，バンコクはタイの中心であり，バンコクを離れるとその機会は非常に限られることも忘れてはならない。

授業そのものに対する満足度についての回答は，チュラロンコン大学（以下チュラと称す）では教員の希望により得られなかったが，国際交流基金バンコク日本語文化センター日本語学校（以下日本語学校と称す）の学生については，かなり高いことがわかった。使用されている教科書についての学生の評価は大変に高く，それに満足していない人はほとんどいなかった。授業内容についても，約半数はわかりやすいと答えている。授業を楽しんでいるとい

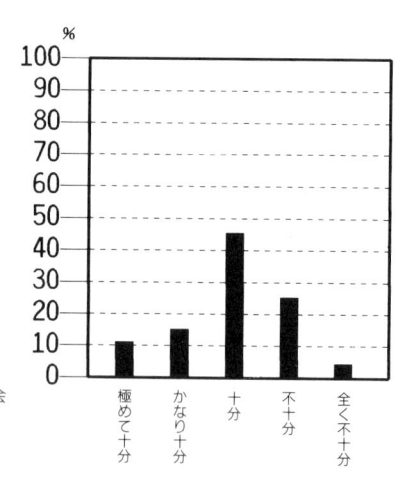

グラフ1　日本語学習の機会

（棒グラフ　横軸：極めて十分、かなり十分、十分、不十分、全く不十分）

う点ではほぼ全員が一致している。ただし，自宅における日本語の学習時間は，週平均 3.5 時間とけっして多くない。チュラの学生は，週平均 4.1 時間，日本語学校の学生は 2.9 時間である。

　チュラと日本語学校のどちらにおいても，比較的少人数クラスが編成されている。教員は日本人とタイ人の両方がいるが，圧倒的な数の学生が，日本人とタイ人の両方の教員から授業を受けている。そのような要素も，彼らの満足度の高さに関係があり，また現在のコースを修了したのち，さらに日本語の学習を続けたいと思っている人が全体の6割以上であることにも関係があると思われる。あとの4割はまだ進路を決めかねている場合がほとんどで，もう日本語はこりごりであると思っている人は，わずか5％余りにとどまっている。また，将来に向けた学習の熱意は，チュラの学生よりも日本語学校の学生に顕著である。これは前にも述べたとおり，日本語学校には，すでに社会人として歩きはじめている年齢の高い人々が多く，中には現在，日本語の能力を生かした職種についている人もいるからであろう。

4. 日本語学習の動機

　タイ王国には植民地としての歴史がないため，タイ語は国語としての安定した地位を保ってきた。タイ語以外の言語，たとえば中国語やマレー語を母語とする少数民族は国民の約1割である。今回の調査の対象となった日本語学習者の母語と家庭内の言語は，例外なくタイ語であった。日本語以外に学習した経験がある言語は英語が圧倒的に多く，タイ王国における英語の外国語としての地位が極めて高いことを示している。次にフランス語，中国語，ドイツ語の順で続く。では，彼らはどのような動機から日本語を学びたいと思うようになったのだろうか。

　　表1　日本語学習の動機

仕事をするのに有利だと思ったから	126人
日本に興味があったから	98人
語学の勉強が好きだったから	94人
そのように勧められたから	44人
日本に勉強に行きたいと思ったから	36人
他に選択したい語学がなかったから	15人
日本に仕事に行きたいと思ったから	9人
日本に行く機会があったから	4人
日本のマンガが好きだったから	3人

　チュラと日本語学校のどちらにおいても，日本語の能力を就職と結びつけて考える人が多く，全体の半数以上を占めている。日本語ができれば，タイ企業よりも給料が高い日本企業への就職が可能であるという非常に現実的な考え方である。日本企業ならば必ず高給でタイ人を雇用するわけではないのであるが，経済大国日本のイメージが彼らの「誤解」を誘っているとも考えられる。ただし，日

本で働きたいという希望を持っている人はごくわずかで，ほとんどがタイ王国内の日本企業で職を得たいと考えている。バンコクに進出している日本企業の存在が，タイ人にとって，特に経済的な面でいかに魅力的に写っているか，推測できるのである。

　すでに就職していながらも，このように望んでいる人も多い。これはタイ人の転職のすさまじさとも関係がある。日本人の雇用主が，初めは当然とし，やがて慣れてあきらめられるようになるタイ人社員の問題のひとつに転職がある。能力を認め，期待をかけて教育をし，やっと育て上げたタイ人スタッフが，より高い給与にひかれて退社していき，時には有能な部下をごっそりと連れていってしまうこともある。タイ人にしてみれば，そのような「栄転」を可能にするための道具を習得するということも，日本語学習の大きな動機になりうるのである。

　就職とは無関係の動機を持った人も多い。チュラと日本語学校のどちらにおいても，就職の有利さの次に多かった動機は，日本に対する関心であった。どのような機会に日本に対する興味を覚えたかについては人それぞれであろうが，日本や日本人との接点が多いのは，タイ王国では，何といってもバンコクである。日本語学習者の人口がバンコクに集中する理由のひとつでもある。

　日本に対する関心が動機となったと答えた人とほぼ同数の指摘があった動機に，語学の勉強が好きであるというものがある。さらに，日本語学習を人に勧められた，勉強のために日本へ行きたいと思った，などの動機が続き，中には日本の漫画，歌，歌手，俳優などの影響も見られた。ほかに選択したい語学が見当たらなかった，暇ですることがなかったなどという消極的な動機や，他学科よりも入学者枠が広かったというちゃっかりした動機もあるにはあるが，難しいから挑戦したいと思った，日本語教師になりたかった，小さい頃から日本語を勉強しようと決めていたなどのしっかりとした決心を示す人もいた。

5. 日本語学習の目的

　彼らは現在どのような目的に向かって学習を続けているのだろうか。日本企業への就職に対する期待と比例して、際立って指摘が多かった目的は、タイ国内で日本語を生かした就職をすることで、約7割の人がこれを目的としている。彼らは日本語の能力を備えたタイ人の就職のチャンスは多いと確信している。

　具体的にどのような就職をめざしているかについては、まず、6割近くの人が、タイ王国の日本企業への就職を希望している。次に多く指摘されたのが、日本関係の仕事をするタイ王国の企業への就職を希望するということである。日本へ行って日本企業に就職したいというものもあるが、その数はずっと少なくなる。つまり、概していえば、彼らにとっての日本語によるコミュニケーションは、日本で行なわれるものではなく、タイ国内に外国企業として迎え入れた日本企業の関係者との間で行われるものと想定されるのである。

　日本をよりよく理解することを目的としている人も多いことがわかった。さらに、日本で勉強をすることを目的としていると答えた人の数は、日本に勉強に行きたいと思ったのが動機となって日本語を学習し始めた人の数よりも多くなっていることから、当初は日本への留学の希望はなかったが、日本語を勉強しているうちに、留学してさらに勉強を続けたいという気持ちをいだきはじめた人がいるといえる。

　チュラと日本語学校を比較すると、日本語学校の学生の方が、よりしっかりとした目的意識を持っている。目的は特になし、という答が、日本語学校では5人、チュラでは18人から返ってきた。チュラでは、大学のカリキュラムに従ってコースを修了するにすぎない姿勢を示した学生や、日本の歌などへの関心から、どちらかといえば娯楽のために日本語を学習していると思われる学生もいる。一方、日本語学校では、かなりのレベルに到達している人が、その

能力を維持するために学校に通い続けている例，より専門的な勉強をめざしている例，そしてタイ王国という国を日本人に理解してもらうことができるよう，両国の橋渡しとなることをめざして勉強を続けている例などもみられる。年齢，社会的立場や社会経験の差が，チュラと日本語学校の差を生み出していると思われる。今後，チュラの日本語学科を卒業する人々の中から，さらにはっきりとした目的意識を持って，日本語学校などで勉強を続けていく人々が出ることは間違いない。

学習者の能力は便宜上，4つの技能——話す，聞く，読む，書く——について判断することができる。では，タイ王国の日本語学習者たちは上のような目的を達成するために，4つのうちのどの技能を特に習得したいと願っているのだろうか。彼らは明らかに「話す力」をつけたいと思っており，次に「聞く力」が続く。66%の人が，話す能力において上級レベルまで達したいと願っており，63%が聞く能力において同様に願っている。まず，口頭によるコミュニケーションができることを重視しているのである。読む力については，上級を目標とする人は50%である。書く力については上級をめざす人は44%である。

グラフ2　日本語習得希望レベル

□ speaking
▦ listening
■ reading
■ writing

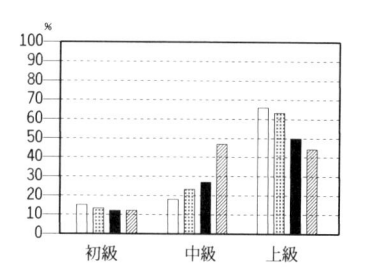

以上の技能については，日本語学習の目的との関係ももちろんであるが，それと同時に彼らにとっての日本語の難しさとも関係があると思われる。日本語は難しいかという問いに対して，90%以上が

「難しい」「かなり難しい」あるいは「非常に難しい」と答えている。日本語の中で最も難しいのは，なんといっても漢字であり，ひらがなを難しいと感じる人はほとんどいない。タイ語に用いられる文字の歴史は，南インドのブラーフミ文字を起源として，カンボジアを経由してタイに到着したスコータイ文字にさかのぼることができる。同系の文字を使う言語にクメール語やミャンマー語などがあるが，漢字を使う中国語とはまったく異なる。漢字はタイ人にはとっつきにくいものである。したがって，勉強が進むほど，特に読み書きの点で苦労が増えることは明らかで，その比較において，話しことばは楽である。ただし，相手によって表現を微妙に変えなくてはならない，日本語の待遇表現（敬語）の難しさを指摘する人も多い。これも，レベルが進むにつれて感じることが多くなる問題点のひとつであろう。

6. 日本・日本人との接点

すでに述べたとおり，タイ王国において，タイ人と日本人が接する機会が圧倒的に多いのが首都バンコクである。タイ王国には，約3万人の日本人が滞在していると推測されている。バンコク日本人商工会議所会員約1000社（1993年12月現在），泰国日本人会会員7,105人（1993年12月現在）のほとんどがバンコク在住者，そしてバンコクの泰国日本人小・中学校在籍者1,548人（1993年11月現在），という数字を見ても，いかに多くの日本人が，広いタイ王国の小さな首都バンコクに集中しているかがわかる。

接触という点で興味深いことは，230人の日本語学習者のうち，実際に日本に行った経験がある人は，日本語学校で約54％，チュラでは約25％，全体では40％にもおよぶ。また，日本人と面と向かって話をしたことがある人は98％にのぼり，そのほとんどが日本語で会話をしたことがあると答えている。

彼らが話をする機会を得た日本人は，教師を除くと，学生，観光客，ビジネスマンなどである。ビジネスマンとの接点は，日本語学校の学生に特に多く，約60％の人がその経験を持っている。チュラではわずか6％余りにすぎない。しかし，彼らが接触を持った日本人の大半は，タイ滞在者である。しかも長期の滞在者であるほど，タイ文化と調和して暮らしている日本人である。日本語学習者の93％が，今後，日本に行き，日本文化の中で暮らす「純粋な」日本人に出会うことを望んでも不思議ではない。

　バンコクの日本語学習者は，どのような手段で日本や日本人に関する情報を得ているのだろうか。語学の授業中に，教師を通じ，日本についてのさまざまな知識を目にし，耳にするのはもちろんのことながら，教室の外では，日本人との接触により情報を得ていると答えた人が約半数を占めている。チュラの学生よりも日本語学校の学生について，この割合は高い。次いで，テレビからの情報が多いが，バンコクでは在タイ日本人のためにNHKの夜7時のニュースがリアルタイムで放映されているのをはじめ，日本から送られるさまざまな映像を目にすることができ，日本人駐在員やその家族だけでなく，日本に関心を持つタイ人にとっても，貴重な情報源のひとつであると思われる。本，雑誌，新聞といった活字メディアも，彼らにとって日本を知るための材料となっている。新聞の場合，日本の新聞を街で買うこともできるが，そこまで日本語を読みこなせない人ならば，タイで発行されている英字新聞『バンコクポスト』『ネイション』『タイランドタイムズ』にも，日本関係の記事を見つけることができる。

7. タイ人の持つ日本と日本人のイメージ

　タイ人の日本語学習者は「日本」とそこに暮らす「日本人」についてどのようなイメージをもっているのだろうか。このことを知る

ために,「日本」と「日本人」で連想する形容詞を5つずつ,自由に書いてもらった。「日本」で思い浮かべるのは,「きれい」が60％以上で圧倒的多数であった。これに類似するもので,「美しい」が約23％,「清潔な」が約9％であった。

「きれい」に次いで多くの回答があったのは,「物価が高い」で,約30％を占めた。日本の経済と関連があると思われる回答には「繁栄した」「豊かな」「金持ち」「円高」「経済の」「強い」などがあり,中には「世界一の金持ち」というものまであった。さらに,先進国としての日本を連想した例として「便利な」「モダンな」「発展した」「洗練された」「ハイテク」「近代的な」「先進的な」「快適な」などがあった。

そのほか,約8％が指摘した「すばらしい」という絶賛のことばをはじめとして,「よい」「安全な」「平和な」「静かな」「楽しい」「立派な」「明るい」「魅力的な」「空気がいい」というものから,「うらやましい」「大好きな」などの個人的感想も飛び出し,概してよいイメージが目立っている。マイナスイメージがないわけではないが,それについては「日本人」からの連想で述べたほうがよさそうである。

「日本人」からの連想として最も多く,40％の人から回答を得た形容詞は,なんと「かわいい」である。特に女の人,という注をつけた人も何人かあったが,概して彼らは日本人を「かわいい」,つまり愛すべき存在であるとして,好意を持っているということができる。「かわいい」に類似すると思われるものに,「きれいな」(21％)と「白い」(12％)がある。「白い」のは肌の色であるが,特にタイ人の女性は皮膚が浅黒いことに劣等感をいだくことが多い。回答者の80％以上が女性であることを考慮してよいだろう。彼女たちは,自分たちに比べれば,日本人は白くて美しい肌をしていると思っている。

「かわいい」に続いて多くの指摘があったものは「勤勉な」

[グラフ3 日本人のイメージ]

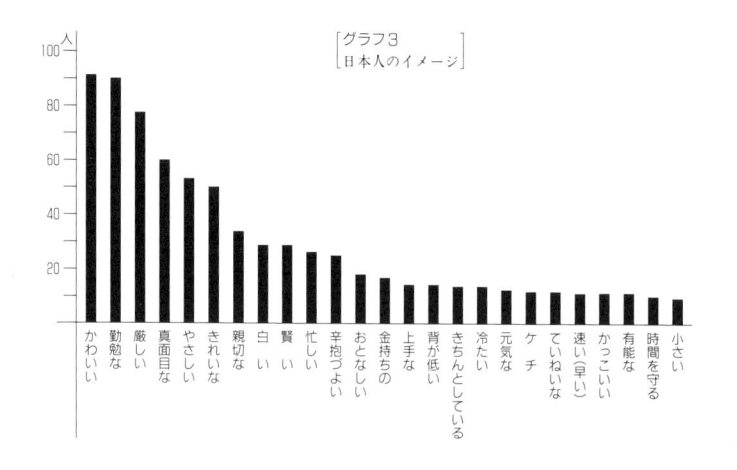

かわいい / 勤勉な / 厳しい / 真面目な / やさしい / きれいな / 親切な / 白い / 賢い / 忙しい / 辛抱づよい / おとなしい / 金持ちの / 上手な / 背が低い / きちんとしている / 冷たい / 元気な / ケチ / ていねいな / 速い(早い) / かっこいい / 有能な / 時間を守る / 小さい

（39％）である。以下,「厳しい」(33%)「真面目な」(26%)「やさしい」(23%)「きれいな」(21%, 前述)「親切な」(15%)「白い」(12%, 前述)「賢い」(12%)「忙しい」(11%)「辛抱強い」(11%)「おとなしい」(8%)「金持ちの」(7%)などが続く。これ以外に, プラスのイメージと思われる指摘をいくつか頻度の高い順に拾ってみると, 次のとおりである。「きちんとしている」「ていねいな」「かっこいい」「有能な」「寛容な」「明るい」「熱心な」「頭がいい」「偉い」「思いやりのある」「正直な」「ハンサム」「几帳面な」「清潔な」「礼儀正しい」など。

反対に, マイナスのイメージと思われる指摘は次のとおりである。「背が低い」(7%)「冷たい」(6%)「ケチ」(5%)「怖い」(3%)「いやらしい」(1%)「働きすぎ」(1%)「難しい」(1%)「エッチ」(1%)「神経質な」(1%)「ずるい」(1%)「足が太い」「目が小さい（細い）」「わがまま」「贅沢な」「つきあいにくい」「無情な」「不誠実な」「酔っぱらい」「せっかち」「利己的」「短気な」「男尊女卑」「太っている」「気難しい」「攻撃的」「傲慢な」「個人主義的」など。これらはさほど頻度が高くないので, タイ人一般

のものとして解釈することはできない。しかし，ここにあげた形容詞は，バンコクに住む高学歴の，親日派の，しかも8割が女性であるタイ人のグループの反応であり，重要な指摘であるともいえる。

　タイ人と日本人の生活様式やペースの違いから彼らがいだくと思われるイメージの中に，「日本人は勤勉でよく働き，時には働きすぎとも思われ，辛いことにも辛抱強く取り組み，時間を守り何事にも正確，仕事が早く，歩くのも速い，お金を持っているが倹約家，悪くいえばケチで，道端の乞食に5バーツさえ恵んでやらない」と要約できるものがある。乞食の件は別として，おそらくこれは，特に日本人のビジネスマンが与える印象である。逆に，日本企業の人々にタイ人社員について語ってもらうと，タイ人は概して「日本人ほど働かず，頼まれた仕事を責任をもって期限内に行わず，その責任を人に転嫁し，約束の時間に常に遅れてきて言い訳ばかりし，おもしろくないことがあるとさっさと会社をやめてしまう」という反論が返ってくるだろう。日本企業にはどこもエアコンが備えてあるだろうが，ひとたび外に出れば，灼熱の太陽がじりじりと照りつけるバンコクである。人々は香辛料のたっぷりきいた料理で身体に刺激を与えながら，交通渋滞の激しい通勤の道のりでくたくたに疲れ（タイには地下鉄がないので，往来は道路と少数の水路に頼らなくてはならない），なにをするにも日本人が期待するようなてきぱきとしたペースでは進まない。加えて，いい意味でも悪い意味でもプライドの高い人々であるから，自分の失敗や能力の不足を簡単に認めて「謝ってしまうが勝ち」という考え方はしない。ただし，万一，約束の時間に遅刻したのが日本人の側であっても，彼らはそれを責めずに許してくれるということも忘れてはいけない。

8. 今後の日泰関係と日本語

　日本語学校の学生117名を対象に，日泰関係，そして日本人とタ

イ人の関係についての意識調査を行なった（チュラでは調査の許可が下りなかった）。その結果，無回答を除き，約60％の人が，関係はよい，26％がかなりよい，3％が非常によい，と答えた。あまりよくないという答は10％に満たず，悪いという答はなかった。さらに，両国の関係の今後の見通しについては，よりよくなっていく，と考えている人が68％，よくはならない，と考えている人が7％，その他の人々はわからない，という答であった。今後の彼らの日本語の能力の生かし方や，日本や日本人との関わり方は，人それぞれであると思われる。しかし，彼らの意識の中に，日泰関係がよりよい方向へ向かっていくのを傍観するというよりは，そうなることを積極的に望み，また，その関係の改善に貢献したいという希望があることも確かである。

　そのような日泰関係の展望の中で，タイ王国における日本語学習者の数はさらに増えるであろうか。日本語学校の学生とチュラの学生のうち，96％が日本語学習者の増加を予測している。今後，あらたに日本語の勉強を始める人々が，今回の調査の対象となった230名と同様の目的を持った人々であるとするならば，タイの日本企業に就職を希望する若者の数がますます増えるであろうと予測される。それに対する日本企業側の準備については次のセクションで述べる。

　さらに，彼らのうちの57％は，タイ国内に限らず，アジアという広い地域で考えた場合にも，日本語がもっと普及し，アジアの人々のための国際コミュニケーションの言語にまで，その地位を高めることができると考えている。そして，東南アジア諸国において日本語熱がさらに高まった場合，タイ周辺の国の人々が，タイの語学学校で日本語を勉強するためにバンコクにやってくることになるだろうと予測する人々もいる。現在，タイから海外に働きに出ている人も多いが，同時に，タイの経済のめざましい発展は，隣国から出稼ぎ労働者を呼び入れている。日本語教育においても，バンコク

が魅力的な場所となっていく可能性がある。

グラフ4　日本のアジアにおける国際コミュニケーション言語としての可能性

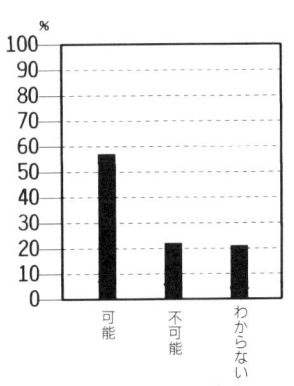

　タイ王国の日本語学習者は，同国における日本語教育のために日本からの協力を求めている。彼らが日本に対して第一に望んでいることは，タイ人学生の日本留学に対する援助と，よりよい教材の開発に対する援助である。在タイ日本人側からも，同様の支援の呼びかけがある。日本語を学びたいタイ人に対する援助は当然のことであり，日米関係におけるフルブライト留学生制度と同様な制度を設け，意欲と能力の点で選抜されたタイ人に対して，留学のチャンスと財政的な援助を与えるべきだという考え方である。この場合，留学経験者は帰国後，必ずしも日本関係の会社などで活躍することで日本に対する貢献を期待されるべきではなく，基本的には，そのような援助によって，日泰の関係がよりよくなっていくことが目的である（タイ日清ＤＣＡ社長・片岡弘年氏談）。

　もうひとつの要望である教材の開発に対する援助は，外国語としての日本語教育の歴史が浅いことを考えれば当然のことであろう。加えて，日本語講座の増設への援助，日本人教員の増員に対する援助，タイ人教員の養成に対する援助，研究に対する援助などの要望のほかに，日本政府の努力により，相互の文化理解や文化交流の場をふやしてほしいという希望も出されている。参考までに，現在の日本語教育制度あるいはプログラムに満足していると答えた人は，

わずか0.4%である。目的と熱意を持った日本語学習者である彼らは，現在の日本語の授業にほぼ満足しながらも，将来的に考えれば改善の必要性を感じており，はっきりとした要望を掲げている。

9. 日本企業と日本語

　日本語学習者の熱いまなざしを受けている在タイ日本・日系企業の姿勢も知っておく必要がある。日本語ができれば，日本企業に就職するときに有利であると期待しているタイの若者に対して，日本企業は本当にオープンであろうか。インタビューに応じた企業において，答は残念ながらノーである。唯一の例外は，雇用の条件として日本語能力を考慮していると答えた国際協力事業団（以下JICAと称す）である。ただし，JICAはその他の民間企業とは異なり，外務省の所管の特殊法人として，東南アジア，アフリカ，中南米の発展途上国に対して政府ベースの技術協力を実施する機関である。JICAバンコク事務所では，以前は日本語の能力を問うことはなかったが，最近ではその能力を備えたスタッフを優先的に雇用している。事務所の規模の拡大にともなって仕事量も増え，日本人だけでなくタイ人にも日本語で仕事をしてもらう必要性が増えたことと，バンコクでは日本語ができる現地スタッフの採用が可能であるという好条件があったうえでの方針である（国際協力事業団・横倉順治氏談）。JICAの業務のひとつに青年海外協力隊の派遣があるが，協力隊の中には，日本語を教えるために派遣される日本語教師が含まれており，主にバンコク以外の地方で活動していることも，特記すべきことであろう。

　JICA以外は民間企業であるが，どの会社も現在のところ，タイ人を雇用する時に日本語能力を考慮してはいない。ただし，日本人からかかってくる電話の応対をしてもらう秘書に関しては，日本語能力を要求している，という職種による例外はある。日本人に対し

ては日本語で電話を受ける方が会社としての印象がよいということである（山種産業所長・飯塚弘孝氏談）。企業では，基本的に英語が社内の公用語である。日本人のスタッフは英語の能力を備えており，タイ人の採用についても英語の能力を考慮すれば，社内のコミュニケーションを支障なく行なうことができるのである。駐在員は日常会話レベルのタイ語を話すことができる場合が多く，その意味では，タイ人の社員も挨拶程度の日本語は自然に覚えていく。

　社員採用の第一条件は語学の能力ではなく，仕事の能力であることはいうまでもない。高校や大学の専門，そして職種によっては，日本語どころか英語も不自由であるという場合も考えられる。それでも，会社が期待する仕事の能力があれば採用されていくのである。日本語はできないよりはできる方が，人間関係がなごやかになるだろうという程度においてのみ，社員の日本語の能力を歓迎する傾向がある。したがって，望まれているレベルは高度なものではない。日本語能力を理由に，日本語ができないタイ人よりも多くの給料を要求してくるスタッフもあるが，一般に日本の給与体系ではそのような優遇措置はない。それに不満をいだく社員に対しては，日本語ができることがひとつの理由となって，社内で活躍の場が増えれば，それが昇進・昇給のチャンスにつながるだろう，と奨励するのみにとどまっている。

　しかし，日本語ができる社員がいれば便利であるという認識はたしかにある。日本人の英語に問題がある場合，特に駐在員ではなく，海外勤務の経験を持たない社員が日本から出張してきたり，日本から来るお客が，例えば工場見学をしたり，契約を結ばなくてはならないような場合のことである。その日本人が英語に不便をするようなときに，日本語で通訳ができるタイ人スタッフの存在はありがたい。タイ人に対するこのような役割の期待は，ひとつ間違うと彼らの失望につながる。チュラロンコン大学の日本語学科を卒業した女性が，バンコクの日系の中小企業にかなりの高給で採用されて

喜んでいた。しかし，彼女に求められた仕事は，通訳といえば聞こえがいいが，実は日本からやってくる英語のできない中小企業の社長たちのお相手ばかりで，まるでコンパニオンかホステスであったという。「タイの東大」を卒業した彼女のプライドがひどく傷つけられたことはいうまでもない。

さて，日系・日本企業がタイ人社員を採用するときに，日本語の能力を特に考慮していない傾向にあることはわかったが，入社後になんらかの日本語教育や日本文化に関する教育を行っているのだろうか。そのような指導を提供するかどうかは，会社のタイにおける創業年数や財政的な余裕にもかかわるが，古く大きな会社では，福利厚生の一部として，有志を募り，会社の費用で日本語教師を招いて勉強会を開催している場合がある。また，殺風景な会社の一室よりも日本人の家の方が勉強の材料が豊富であるという理由から，退社後，レッスンを受けるために日本語教師の家に通わせている例もある。いずれにしても，適切な日本語教師を探すことが容易ではないことが問題として指摘されている。教師として有能で，しかも長続きする，というふたつの意味でよい先生が不足している。

また，社内では日本語よりもまず英語であるという基本的な姿勢に従って，日本語についてではなく英語について同様な補助を行なっている会社もある。さらに，タイ国内ではなく，日本の本社などに優秀なタイ人スタッフを短期または長期の研修に送ることはしばしばあるが，この場合の第一の目的は，日本語の習得ではなく，日本という国や自分の会社に関する理解を深め，日本人の考え方を知ってもらうことである。関心や語学の才能の程度により，かなりの日本語を身につけてくる人もいるが，それは副産物にすぎない。

現在は，日本語を勉強する機会をまったく与えていない会社についても，希望者には勉強してもらえるよう，システムを整えていきたいという姿勢が見られる。一般的には費用は会社が負担するが，ひとまず各自に負担させておき，その成果に応じて昇給という形で

返していく方が，学習者の熱意をそそるのではないかという見方もある。採用のときには日本語の能力を考慮していないものの，日本の企業で働きたいと集まってくるタイ人は程度の差はあれ，日本語への関心を持っている場合も多いので，それに応えていこうという傾向が全般的に見られる。しかし，それによって望まれるのは，将来，日本語で仕事をこなすことができるようなスタッフの養成ではない。彼らの学習欲を満たしながら，少しでも社内で日本語の会話が交わされるようになれば，タイ人と日本人の人間関係がよりなごやかなものとなり，仕事がやりやすいであろうという見通しによるものである。

　最後に，日系・日本企業がタイ人社員に対して，日本語能力をさほど要求せず，英語によるコミュニケーションに頼ろうとしている理由のひとつを明らかにしておく必要がある。タイ人の日本語能力が仕事に生かされるほどのレベルに達していないので，英語でコミュニケーションをはかった方が能率的であるというプラクティカルな事情はもちろんある。しかし，それとは別に，概して日本人の側には，「われわれは日本人だ。この会社は日本の会社だ」というイメージを前面に出さないように気をつけたいという気持ちがある。それよりも，「自分たちは日本からやって来て，タイ王国で仕事をさせてもらっている一外国企業である」という姿勢を保ちたいと思っている。そのような考え方に立てば，タイ人に日本語を求める必要はまったくない。タイ人の日本語学習者の60％が，将来，日本語がアジア諸国の国際コミュニケーションに重要な役割をはたすことになると信じているのとは逆に，インタビューに応じた日本人ビジネスマンのだれひとりとして，アジアにおける日本語の「昇格」を予測してはいない。彼らは，そのような必要を特に感じてはいないというだけではなく，望んでもいないのであろう。

10. おわりに

　タイ語で日本人のことをコン・イープンという。「人」の意味のコンと「日本」の意味の「イープン」で日本人を表わす。西洋人を総称してコン・ファラン（人＋西洋）という。また，外国人のことをコン・ターング・プラテート（人＋異なった＋国）という。日本人はコン・ターング・プラテートでありながら，コン・ファランとはよい意味でも悪い意味でも明らかに区別され，「金持ち」の代名詞にもなっている。日本人は，前のセクションでも述べたとおり，タイ王国においてどのように「日本人」「日本企業」としての存在を示していくか，慎重にならざるをえない状況にある。

　在タイ日本企業の人々は，コン・イープンであることを強調することなく，コン・ターング・プラテートの一部として，穏やかにタイ王国に駐在し，スムーズにビジネスを進めたいと願っている。日本人が経営する会社であることを理由に，タイ人社員に日本語を要求する姿勢は，現地の人々の反感をかうと恐れている。また，日本語の能力を鼻にかけるタイ人スタッフが，その他のタイ人との人間関係を損なったという事実も過去にあった。このようなことから，日本語に関心を持つタイ人には勉強の機会を与えていくことが望ましいと考えながらも，同時に日本人社員もタイ語を勉強して，タイ語によるコミュニケーションの努力を行ない，しかも業務を滞りなく行なうためには，タイ人からも日本人からも等しい距離に存在する外国語である英語を用いたいという姿勢が生まれたと思われる。

　つまり，日本人は日本人なりの配慮を重ねて，タイ人とのコミュニケーションをはかろうと努力している。その配慮が現在の時点では，日本語を武器に日本企業で活躍したいというタイ人に有利に働いていないのであろう。そこで，「弊社では日本語の能力を必要とはいたしません。日本語能力に対して，特別待遇も設けておりません。ただし，職場の雰囲気が和気あいあいとなる程度の日本語によ

るコミュニケーションは好ましいと思います」という日本企業の姿勢は、いつまでも適切であるとはいえない。事情は変化し、ある程度の修正が必要であると思われる。

　タイ王国の日本語学習者は、過去の日本の帝国主義時代の、アジアの他国に対する日本語の強要とはまったく異なる次元で、自発的な欲求から日本語を勉強している。16世紀に来日したイエズス会の宣教師たちは日本語を "tongue of the devil"（悪魔のことば）と呼んだが、タイ人にとって、日本語は難解なものではあっても、けっして近よりがたい不気味なものではないのである。現実に、優秀なタイ人の中に、生活をかけた目的を持ち、高度な日本語能力をめざして勉強を続けている人々がいる。俗に外国語が苦手といわれる日本人のなかにも、英語やその他の外国語を通じて異文化間コミュニケーションを実践している人々が多く存在するのと同様に、日本企業の低い期待に反して、今後、日本語で立派に仕事をこなすことができるタイ人が育っていくと予想される。その可能性を伸ばし、意欲をくみ、彼らに機会を提供することは、日本語の普及にとって重要な側面となる。

（本名信行・竹下裕子）

（注1）本稿は青山学院大学総合研究所国際政治経済研究センターの研究成果の一部である。くわしい報告は本名信行・竹下裕子「タイ王国における日本語教育」（青山学院大学総合研究所国際政治経済研究センター・ディスカッション・ペーパー 6-2, 1994年）を参照。

参考文献

生田守「バンコック日本語センターにおける教員研修プログラムの開発」『日本語教育論集・世界の日本語教育』1992．〔第2号〕
『海外の日本語教育の現状――海外日本語教育機関調査・1990年』

国際交流基金日本語国際センター，1990．
「タイ国日本語教育研究会3周年記念セミナー」タイ国日本語教育
　　研究会，1991年4月6日7日セミナー資料集．
中山光男「タイ国における日本語教育」『日本語教育』60号，1986
　　年．
『日本語教育年鑑』アルク，1993．

11 手話
―― もうひとつのことば

1. はじめに

　人間は生物学的な特質として,「言語」をもって生まれる。それゆえ,人間は正常な社会化の環境が整えば,言語を習得せざるをえないのである。失聴はこの「言語能力」とほとんど関係がない。きこえの喪失は話しことばの習得を困難にするが,そのかわりに手話の獲得をうながす。音声言語は概念を調音によって転写するが,手話言語は概念を手の操作によって空間に写像するのである。

　手話は言語であるから,当然のことながら話しことばと同様に文化を反映する。だから日本のろう者は日本手話を使い,アメリカのろう者はアメリカ手話を使う。ふたつの手話はたいへん異なっており,個別に学習しなければ,それぞれの手話を理解することはできない。現在,世界の人口のうち,約1,000人にひとりがろう者といわれており,世界の各地でさまざまな手話が使われている。日本には40万人の耳の不自由な人々がいて,そのうち16万人が日本手話を日常生活のさまざまな側面で使っている（注1）。

　手話はパントマイムのように事物や行為を描写するのではない。そのような側面もたしかにみられるが,それは付随的な役割である。手話語彙のなかには,健常者が日常会話で使うジェスチャーもある程度含まれているが,ごく少数にすぎない。しかも,これらのジェスチャーが手話として使われると,もっと広い意味とはたらき

をもってくる。また,他の要素と組み合わさって,より複雑に利用される。手話は運用の過程で写像性を脱し,恣意性を獲得したといえる。

2. 日本手話の「単語」のなりたち

日本手話の「単語」のなりたちは,おおむね次のように分類できる。
(1) 実在するものの外観や動作を表現する。
(2) 一般のジェスチャーを利用する。
(3) 漢字の外形を表現する。
(4) 漢字の意味を表現する。
(5) 日本語の身体表現を記号化する。
(6) 概念を空間に転写する。

実在するものの外観や動作を表現するもの

「木」「犬」「魚」「歩く」などがこれに該当する。「木」は両手で木の幹の形を,「犬」は耳の形を描写する。「魚」では,手のひらを開いてくねらせながら動かし,魚が泳ぐ様子をあらわす。「歩く」は,人さし指と中指を人間の両足に見立て,交互に動かすことによって人が歩いている様子を描写する。

一般のジェスチャーを利用するもの

「お金」は,手話でも一般のジェスチャーでも同じしぐさ(親指と人さし指で輪をつくる)であらわす。ただ,ジェスチャーの「お金」がこれ以外の意味を伝達しないのに対して,手話の「お金」は他の要素と組み合わさって,いろいろな意味を伝えることができる。
(i) 高い:右手でつくった「お金」を下から上にあげる。
(ii) 安い:右手でつくった「お金」を上から下に降ろす。

(iii) インフレ：両手でつくった「お金」を徐々に斜め上にあげる。
(iv) 金持ち：両手でつくった「お金」を肩の上から前方に孤を描きながら降ろす。
(v) 経済：両手でつくった「お金」を交互にからだの前で回す。
(vi) 給料：右手に「お金」をつくり，額に当ててから左の手の平にのせて手前に引く。
(vii) 税金：右手に「お金」をつくり，その手を開いて前方に差し出す。
(viii) けちんぼ：右手につくった「お金」を歯にくわえる。
(ix) 使う：左の手の平にのせた右手の「お金」を前方に出す。
(x) 買う：右手に「お金」をつくり，前方に押し出すと同時に，左手を手前に引く。

このように，「お金」という手話は，動きや場所を変えたり他の手話と組み合わさって，より複雑に利用される。一般のジェスチャーがノンバーバル（非言語）であるのに対して，手話は明らかにバーバル（言語）として機能しているのである（表1参照）。

漢字の外形を表現するもの

「北」①「井」②「中」③「小」④などは，いずれも両手の手指を使って漢字の形を描写する（p.235のイラスト参照）。

漢字の意味を表現するもの

「じょうず」⑤は上の手と書くので，これらのふたつの漢字の意味のとおりに，上腕を肩の方から撫でおろすようにして表現する。また，「土曜日」⑥は土（つち）としてあらわされる。

日本語の身体表現を記号化するもの

「待つ」や「苦しい」「責任」などがこれに該当する。「待つ」⑦は右手の甲を顎の下に当てるが，これは「首を長くして待つ」様子

を表わしている。また,「苦しい」⑧は指先を曲げた手を胸に当ててまわす。これは,苦しみで「胸がかき乱される」様子を描写したものである。「責任」⑨は,指先を曲げた手を肩に置く。これは,責任が「肩にかかっている」ことを表わす。

概念を空間に転写するもの

概念を空間に転写する例には,「関係」「わかる」「癖」などがある。「関係」⑩は両手に人さし指と親指で輪をつくり,これをつなぐ。これは,ふたつのことがらが連結していることを示す。また,「わかる」⑪は手を胸に当てて下になでおろす。これは,ことがらが飲み込めたことを示す。「癖」⑫は開いた右手を閉じながら左手の甲に当てる。これは,癖が自分の身にしみついたものであることを示し,特に「手癖」などということばがあることから,手の甲で行なう。

表1 コミュニケーションとメディア

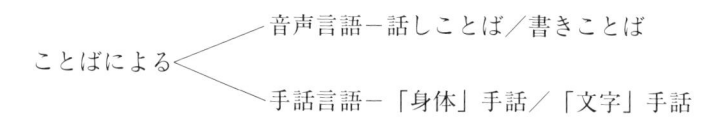

ことばによる
- 音声言語−話しことば／書きことば
- 手話言語−「身体」手話／「文字」手話

ことばによらない
1. 身振り(ジェスチャー,表情,視線,姿勢)
2. 空間配分
3. 接触
4. 身体とその装飾品
5. 音調
6. におい
7. 環境

3. 手話の表現様式

　手話には音声言語の場合と同様に,さまざまな表現方法がある。地域,社会階層,男女,世代などの違いによって手話表現はずいぶん異なるものである。さらに,伝統的手話と同時法的手話といった独特の変種もある。これらの2種類はJapanese Sign LanguageとSigned Japaneseと区別することも可能である。

伝統的手話

　伝統的手話は,ろう者のコミュニティで自然発生的に生まれたもので,独特の構造をもっている。日本語の影響がないわけではないが語順や表現法などは,ずいぶん異なっている。日本語の助詞や助動詞は,ほとんど表示されない。ろう者はこのタイプの手話の方が使いやすいようである。

同時法的手話

　同時法的手話は,ろう教育のなかで,日本語の効果的な学習を促進することを目的に考案されたシステムで,語順も表現法も日本語化されている。助詞や助動詞も指文字やその他の工夫によって,だいたい表示される。日本語に対応する手話ということであるから,日本語で表現する要素はなるべく手話でも表現することをねらっている。ろう者はこのタイプの手話をあまり使いたがらないようである。

手話言語と音声言語の表現単位

　手話は空間を多元的に使い,サインを複合的同時的に発信する。手話を話しことばと同じように系列的継続的に操作することは,手話のしくみを充分に利用したことにならない。また,日本の手話で,助詞や助動詞などの機能語,付属語があまり用いられないのは,手話という言語様式が内蔵する機構上の制限によるものではな

かろうか。ここで、アメリカの心理学者ベルージ（Ursula Bellugi）のデータ（注2）を検討しておこう。

　彼女は、アメリカ手話と英語の両方を母語とする健聴者を被験者として、次のような実験をおこなった。すなわち、被験者に簡単な身の上話をまず英語で、そして次に手話で語ってもらい、それぞれを録音、録画した。その結果、次のことが判明した。まず、身の上話に要した時間は、話では2分24秒、手話では2分36秒で、ほとんど差がなかった。次に、物語に要した語、サインの数は、405語と272サインであった。これをポーズの時間を除いて秒平均でみると、4.0語対2.1サインとなり、音声言語のほうがほぼ2倍の表現単位を使用することがわかった。このデータを次にまとめておく（注3）。

	話	手話
身の上話の時間	2′24″	2′36″
要した語、サインの数	405語	272サイン
秒平均（ポーズの時間を除く）	4.0語	2.1サイン

　このデータから大胆に推論すると、次のような仮説をたてることができよう。人間が発想を表現する時間は、音声言語であっても手話言語であっても、基本的にはほとんど同じである。一方、様式に内在する構動的、構音的制約により、手話の発信の方が、音声の発信よりも一般により多くの時間を要する。その結果、自然な表現時間を維持するならば、手話の表現単位は音声言語の表現単位と比べて減少せざるをえないのである。日本の手話で、助詞や助動詞などの意味論的に余分な、あるいは冗長な要素があまり使われないのは、手話にとって自然なことなのかもしれない。アメリカの手話でも、次のように余分な単位はほとんど表現されていない（注4）。

SPOKEN	SIGNED
And so I turned on the gas	I turn o-n g-a-s
but I couldn't find a match	I start search for match
so I looked in the drawer	Most time match in drawer
but there weren't any in there	I look-in gone, none match
and so I had to look around	Well, I have-to start look match
So I went down the hall and into the bedroom and into drawers and every which-way trying to find matches	I go in bedroom, in drawer, look try to find match

　もし，上に述べた仮説が正しいとすれば，手話を音声言語と同じ表現形式にしようとする試みは，手話の自然性を損なうことになろう。音声言語にしても手話言語にしても，言語は他の記号体系とは違った，きわめて独特のしくみをもっているので，これを無視した人工的操作は困難であると同時に，無意味な場合が多い。「言語計画」は言語の特質を充分に考慮に入れなければならない。言語の特質は，未知の部分が多いので，言語計画はよほど慎重に行なわなければならない。

4. 手話の表記について

手話の記号化

　手話は一定かつ有限の構成要素によって形成されている。これらの構成要素は音声言語の音素と対比できるもので，ここでは動素と呼ぶことにする。手話には大別して3種類の動素体系があると考えられる。すなわち，手の形，位置，そして動きである。手話は大体

11 手話

表2 手話の表記例

No.	Sign	Hand Shape R	Hand Shape L	Location Spac	Location Plac	Movement Manner		Movement Dircth		Movement Qualication				
						R	L	R	L	Sp	Ct	Rp	It	Sz
1	あいさつ	H 5 (→F, −P)	H 5 (←F, −P)	SN		⊐								
2	会う	H 1 (↑F, →P)	H 1 (↑F, ←P)	SN		├		→	←					
3	青い	C 12345 (−P)			CK	=		↑						
4	赤い	H 1 (−P)			MO	=		←						
5	明るい	P 15 (−P)			FH	○								
6	あきらめる	BC 12345 (↑F, →P)		SNct		⊗								
7	あきる	H 5 (−P)			SH	ð		⇑						
8	あきれる	H 12 (↓F)	H 12345 (↑P)		HP			⇑						
9	朝	A 5 (→P)			TM			⇑						
10	浅い	C 12345 (→F, ↓P)	C 12345 (←F, ↑P)	SN				⇑	⇑					
11	あさって	H 12 (↑F, +P)		SU		⊐								
12	あした	H 1 (↑F, +P)		SU		⊐								
13	遊ぶ	H 1 (↑F, →P)	H 1 (↑F, ←P)	SU		x z		✓	╲					
14	暖かい	H 12345 (↑P)	H 12345 (↑P)	SL		ð		ψ						
15	新しい	P 12345 (↑P)	P 12345 (↑P)	SN		○								

においてこれらの3つの動素を組み合わせて作るので，きわめて規則性の高い組織をもっているといえる。

日本手話の動素を抽出し，それぞれの動素を記号化した結果，手話がどのような構成要素でつくられているかが明らかになった。表2は日本手話のいくつかの語句を動素分析した記述例である（注5）。

手話の文字化

また，手話の文字化の研究もなされている。手話文字として最も注目できるのはサットン方式と呼ばれるものである。これはアメリカの運動分析家サットン（Valerie Sutton）によって考案されたものであり，非実用的な記号の使用をできるだけ控えて手話のもつ言語特性をいかし，自然な形で記述する手話文字システムである。私たちはこれを日本手話に応用して改良を加え，普遍的な手話文字システムの完成をめざしている。表3に示すのは，改良したサットンシステムで書いた「桃太郎」の一部である（注6）。日本ではまだこういった文字システムは普及していないが，欧米ではこのシステムを利用してすでに手話新聞などが作成されており，これまでになかった新しい手話表現様式として定着しつつある。

5. 手話の語彙拡大をめざして

全日本ろうあ連盟は1969年から日本手話の単語集『わたしたちの手話』を発行し，全10巻におよんでいる。これらは生活基本語彙をはじめとして，事業，法律，政治，医療，福祉，教育など多方面からおよそ4,000語の手話表現を収録している。このシリーズは第1巻発行以来，ろう者にも健常者にもたいへん好評を博し，手話が一般社会に普及する大きなきっかけとなった。今では全国各地の手話学習会で『わたしたちの手話』シリーズがテキストとして採用され，ろう者と健常者が共に手話を学習している。

11 手話

表3 サットン手話文字システムによる「桃太郎」

SIGN	おじいさん		おばあさん		三人	家	いる
文字化案 SSW							
SIGN			おばあさんE	川	見る1	洗濯	さようなら
文字化案 SSW							
SIGN	山	行く			何	見る2	
文字化案 SSW							
SIGN	別れる				大きい		
文字化案 SSW							
SIGN	見る0	遠い	近づく・わからない	近づく			
文字化案 SSW							

全日本ろうあ連盟ではさらに，現代社会の考え方にあわせて，『わたしたちの手話』シリーズで紹介した手話の表現を改良していくこととし，現在までに第1巻から第4巻までの改訂版を発行した。たとえば，「あいさつ」では両手の「男」（親指）がおじぎをする形となっていたが，人さし指にかえて中性化している。また，現代情報化社会に対応して，同連盟では『新しい手話』を発行し，従来の日本手話にはなかったような新しい手話語彙を紹介した。『新しい手話』はこれまでに2巻が発行され，1巻には330語，2巻には286語の改良，新造語彙が紹介されている。

　事実，ろう者がかかえている最大の問題は手話語彙の拡大である。手話が現代情報化社会においてコミュニケーションの道具として充分に機能するためには，多様な分野の情報を表現できるようにしなければならない。そのためには，音声言語という「外来語」からいろいろと借用する方法もあるが，まずは手話そのものの構造的機能的特性を広く開拓し，手話にとって自然な造語法を確立すべきであろう。

　そこで，従来の伝統的手話の表現法に改良を加えたり，新たに語彙を創造する努力によって得られた成果は，日本手話の造語法を研究するうえで貴重な材料となる。ここではまず，日本手話の語構造の特徴を簡単に述べたあと，全日本ろうあ連盟が取り組んでいる手話語彙の改良，新造の過程を検討する。そして，『新しい手話 I』に掲載された330語の手話語彙を分析して，新しい手話がどのように形成されているかを整理し，新しい手話の作り方について提言したい（注7）。

手話の語構造

　手話は一般のパントマイムやジェスチャーとは異なり，ひとつの語もしくは語構成要素に他の語もしくは語構成要素を組み合わせて，複合的な語句を形成できるしくみとなっている。たとえば，

「家」という手話は両手の指先を合わせて日本家屋の屋根の形を模写する。これにさまざまな動きを加えたり，他の手話と組み合わせると実に多くの語句が成立する（p.236, 237のイラスト参照）。

学校⑬：「教える」という手話のあと，「家」をつくる。
郵便局⑭：両手で「〒」の形を表わしたあと，「家」をつくる。
家計⑮：「家」をつくったあと，「経済」を表現する。
大工⑯：「家」をつくったあと，「製造」を表現する。
工場⑰：「機械」を表わしたあと，「家」をつくる。
町⑱：「家」をくり返しながら左から右へいくつもつくる。
倒産⑲：「家」をつくり，両手の手のひらを勢いよくつけ合わせる。
転居⑳：「家」をからだの前で孤を描くように左に移動させる。
建売㉑：前方に倒した「家」をからだの前で引き起こしたあと，「売る」を表現する。
アパート㉒：「家」を前方にのばしたあと，右手でからだの前の空間を切るようにして前方に出す。
老人ホーム㉓：「老人」の手話のあと，「家」をつくり，前方に伸ばす。
火事㉔：「家」をつくり，左手をそのままにして，右手で「火」を表現する。
下宿㉕：左手だけを「家」の形にしたまま，右手で「寝る」と「借りる」を表現する。
宿題㉖：左手だけを「家」の形にし，その下で右手が「書く」を表現する。
家庭㉗：「家」をつくり，左手の下で右手が「みんな」を表現する。
家族㉘：「家」をつくり，左手の下で右手が「人々」を表現する。

このように，手話はひとつの語句をもとにして，それにいろいろ

11 手話

① 北　② 井　③ 中
④ 小　⑤ 上手　⑥ 土曜日
⑦ 待つ　⑧ 苦しい　⑨ 責任
⑩ 関係　⑪ わかる　⑫ 癖

11　手話

⑬ 学校

⑭ 郵便局

⑮ 家計

⑯ 大工

⑰ 工場

⑱ 町

⑲ 倒産

⑳ 転居

11 手話

㉑ 建売

㉒ アパート

㉓ 老人ホーム

㉔ 火事

㉕ 下宿

㉖ 宿題

㉗ 家庭

㉘ 家族

な要素が作用して複合語句をつくるという語形成組織をもっている。特に,「火事」㉔や「下宿」㉕,「宿題」㉖,「家庭」㉗,「家族」㉘などはいずれも「家」の片手を残したまま,もう一方の手で「燃える」「寝る」「書く」「みんな」「人々」を表わし,いずれも家の中で生じているできごと,あるいは家の中に存在しているものごとをうまく表現している。

手話語彙の改良,新造に関する基本方針

手話語彙の改良および新造にあたり,全日本ろうあ連盟は次のような基本原則を設けている。

(i) 動作が簡略であること。
(ii) 語の意味を適切に表現する形であること。
(iii) 形から意味をとらえやすいこと。

同連盟では,従来あった手話を改良したものを「改良手話」,新たに創作したものを「新造手話」,ろう者のあいだではよく使用されるが,相当する日本語がないのでこれまで未紹介であったものを「未紹介手話」と呼んでいる。

動作を簡略化した改良手話の例として,「民主主義」や「人生」がある(p.240のイラスト参照)。「民主主義」は従来,「人々」+「平等」+「考え」+「表わす」という4つの動作で表現されていた㉙。これを「人々」+「〜主義」の2動作に改めた㉚。また,「人生」についても,従来は「生まれる」+「成長する」+「死ぬ」+「あいだ」の4動作㉛で表わしていたが,「人々」の手の形をからだの前で回転させるだけとした㉜。

語の意味をより適切に表現するように改められた手話には,「宿題」や「立派」がある。「宿題」は従来,「勉強」+「提出」㉝と表わしていたが,宿題は家庭で行なうものであることから,「家」と「書く」を組み合わせて表現するようにした㉖。もうひとつ,「立派」の例では従来,「偉い」+「男」㉞で表わしていたが,これでは

「立派な人」の意味となり，人物を指す場合にしか使用できないので，「男」を省いて「立派であること」と表現するようにした㉟。

次に，形から意味をとらえやすくしたものには「人口」と「内容」がある（p.242のイラスト参照）。「人口」は従来，「全体」＋「数える」㊱と表わしていたが，両手で「人々」をつくり，手の動きを「全体」という手話の動きに同化させた㊲。また，「内容」では，従来「意味」という手話が使われていたが㊳，これを「中にあるもの」を表わすように，左手の内側で右手人さし指をまわすしぐさに改めた㊴。

このように，ろうあ連盟が手話語彙の改良，新造，紹介作業を積極的に進めた結果，ろう者も健常者も新しい手話の学習に取り組みはじめた。全日本ろうあ連盟ではこのような学習者のニーズに応えて，『わたしたちの手話』シリーズのなかから，改良手話，新造手話，未紹介手話の語彙ばかりを集め，これらを「新しい手話」と呼び，『新しい手話Ｉ』として出版した。そこで，次に『新しい手話Ｉ』に掲載されている改良手話，新造手話の造語パターンを考察する。

「新しい手話」の造語法

『新しい手話Ｉ』に掲載されている手話語彙の造語法を分析すると，次のような特徴がみられる。

（ⅰ）従来使用されている手話を形を変えずに組み合わせる。
　　　「芸術」㊵という手話は，従来からの「演劇」と「美術」のふたつの手話をそのまま組み合わせて作られている。同様に，「条約」㊶という手話は「条件」と「約束」の組み合わせである。
（ⅱ）従来使用されている手話の構成要素（手の形・位置・動き）の一部を組み合わせる。

この種の手話にはいろいろなパターンが存在する。

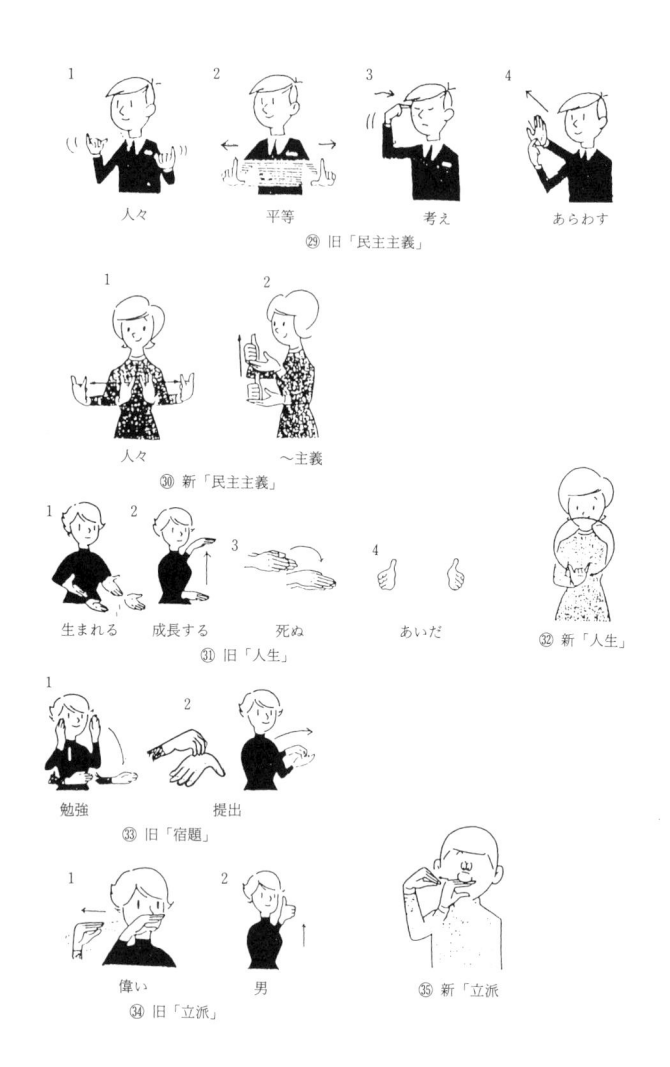

11 手話

1 人々　2 平等　3 考え　4 あらわす
㉙ 旧「民主主義」

1 人々　2 ～主義
㉚ 新「民主主義」

1 生まれる　2 成長する　3 死ぬ　4 あいだ
㉛ 旧「人生」

㉜ 新「人生」

1 勉強　2 提出
㉝ 旧「宿題」

1 偉い　2 男
㉞ 旧「立派」

㉟ 新「立派」

240

(a) 従来の手話の構成要素をふたつ組み合わせる。

「人口」㊲のように,「人々」の手の形と「全体」の手の動きを合わせたものや,「民族」㊷のように,「人々」の手の形と「世界」の手の動きを合わせて作ったものなどがある。

(b) 従来の手話の手の位置だけを変更する。

「真心」㊸という手話は「本当」と「心」から作られている。本来の「本当」という手話の手の位置はあごにあるが,「真心」を表わすときには「心」が存在する腹の前に移動させて行なう。

(c) 従来の手話の手の形だけを変更する。

「財源」㊺は「源 (基本)」㊹という従来の手話の左手の形を「お金」にかえたもの,「財政」㊼は「政治」㊻という従来の手話の右手の形を「お金」に変えて表現する (p.244 のイラスト参照)。

(d) 従来の手話の手の動きだけを変更する。

「天才」㊾という手話は,従来の「かしこい」㊽という手話の手の動きを大きく伸ばしたものである。

これらの現象は,手話が手の形,手の位置,手の動きという3つの基本的な構成要素によって成り立っていることを証明した結果となっている。

(iii) 漢字の形を模写する。

「行事」(50)は「行」の漢字の縦と横の線を両手で模写したものである。また,「局」(51)は「局」という漢字の四角の部分を左手で作り,右手で他の部分をなぞる。

(iv) ジェスチュノやアメスランなどの表現を取り入れる。

「性」(52)という手話は国際手話 (Gestuno ジェスチュノ) から取り入れたものである。「プログラム」(53)もジェスチュノから取り入れたが,右手の形を人さし指を出すように変化させている。「コミュニケーション」(54)はアメリカ手話

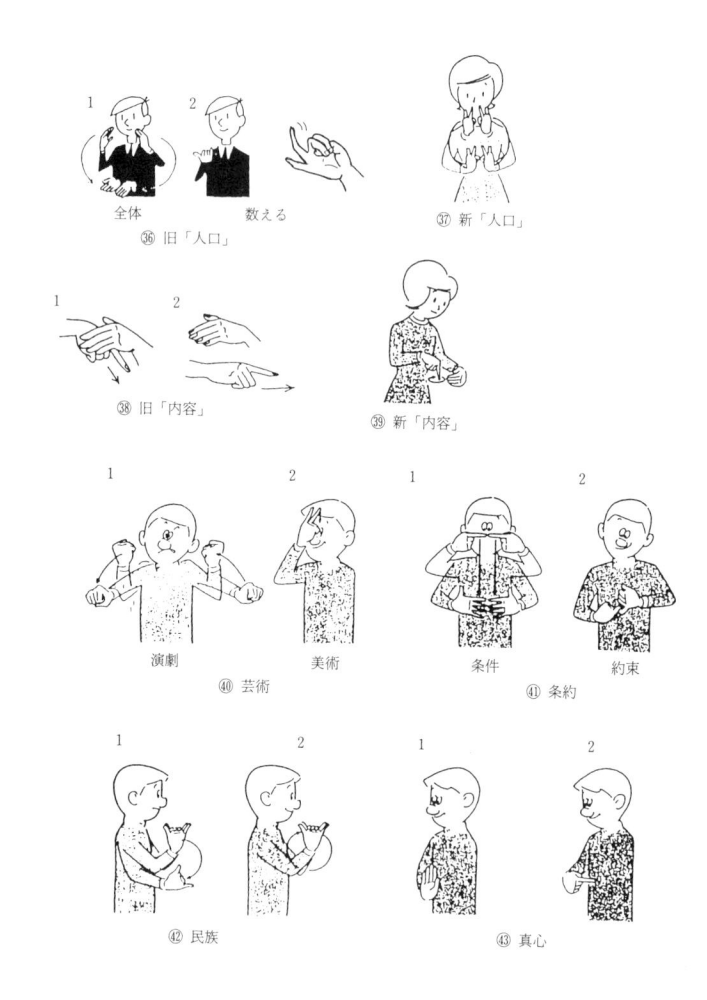

11 手話

㊱ 旧「人口」 全体 / 数える
㊲ 新「人口」

㊳ 旧「内容」
㊴ 新「内容」

㊵ 芸術 演劇 / 美術
㊶ 条約 条件 / 約束

㊷ 民族
㊸ 真心

(Ameslan アメスラン)からの借用である。また,「ジュース」にはアメスランのマニュアル・アルファベットが取り入れられている。手の形を「J」にして,ストローで飲むしぐさをする㊺。

(v) 指文字を組み合わせる。

「景気」㊻という手話は,左手で指文字「ケ」を作り,右手が「経済」の表現をする。「レポート」㊼という手話では,指文字「レ」を示してから書くしぐさをする。また,「エネルギー」㊽は「力」と指文字「エ」を組み合わせたものとなっている。また,「エイズ」㊾は従来使われている「病気」という手話の手の形を指文字の「エ」に変更したものである(p.245のイラスト参照)。

(vi) ひとつの文字にひとつの手話(あるいは指文字)を固定させる。

「品」という語は単独で使われるよりも,「商品」「返品」「部品」「学用品」などのように,熟語で使われることが多い。手話でも同じように対応させている。つまり,人さし指と親指で四角を作り,これを「品」という漢字のとおりに3か所に積んで表わす。これを使えば,「商品」は「商売」+「品」㊿,「返品」は「断わる」+「品」㊿,「部品」は指文字の「ブ」+「品」㊿,「学用品」は「勉強」+「必要」+「品」㊿というぐあいに表現される。

(vii) 事物の形やマークを模写して表わす。

「新幹線」㊿という手話は,先頭車両の形を模写する。「NTT」はこの会社のマークを模写する㊿。

(viii) 日本人の文化的特徴や生活習慣を反映させる。

「人情」㊿という手話は,「男女」を表わす手の形を顔の前につくり,これを目から涙が流れるように下へ降ろす。日本人は人情話に涙もろいというイメージから作られたものである。

㊹ 源（基本）

㊺ 財源

㊻ 政治

㊼ 財政

㊽ かしこい

㊾ 天才

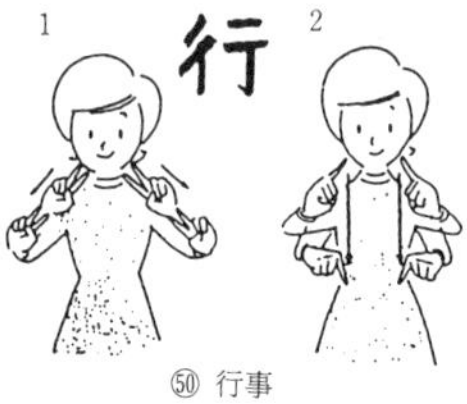

㊿ 行事

(51) 局

(52) 性

(53) プログラム

(54) コミュニケーション

(55) ジュース

(56) 景気

(57) レポート

(58) エネルギー

(59) エイズ

商売　品

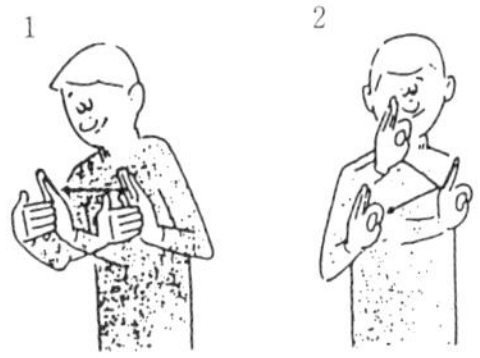

断わる　品

(61) 返品

部　品

(62) 部品

勉強　必要　品

(63) 学用品

(64) 新幹線

(65) NTT

(66) 人情

(67) 諺

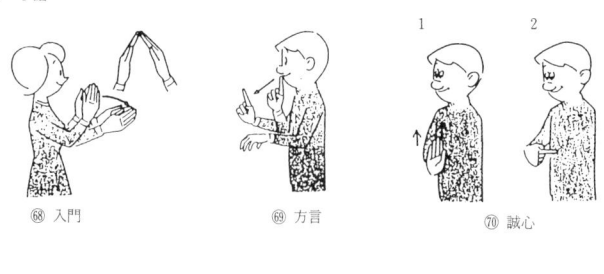

11 手話

⑱ 入門　　⑲ 方言　　⑳ 誠心

㉑ 資源

『わたしたちの手話』、『新しい手話Ⅰ』より

　このように，新しい手話の創作にはさまざまな工夫がなされている。手話の構成要素の一部を組み合わせて語句を形成する方法は，手話言語が持つ構造的特徴をうまく利用したものである。手の形，手の位置，手の動きを巧みに組み合わせて形成された語句は，受信者が一見しただけで意味をとらえやすいうえに，発信する立場でも表現しやすいものであり，日常生活への定着度も高いことが予想される。

　さらに，ジェスチュノやアメスランの手話を導入することは，日本のろう者の言語活動範囲がもはや国内にとどまっていないことを表わしている。1991年7月に東京で開催された世界ろう者会議では，多くの日本のろう者が外国のろう者と交流し，またジェスチュノをはじめ，世界各国の手話を目の当たりにして，これまで以上に世界の手話に興味をもつようになっている。日本手話の語彙拡大には，外国手話からの借用も大きな役割を果たしうるのである。

[造語上の問題点]

　上に述べたように，日本手話は合理的，かつ生産的な方法で改

良・新造がなされているが、これらの造語法はまだ完成されたものではない。『新しい手話Ⅰ』の中にも、いくつか問題点が指摘できる。次にその具体例をあげて考えてみる。

　まず、「諺」⑰という手話では、左手で「事」の形を作り、その下で右手が「言う」を表わすが、このときの左手の形は「コト」という音に合わせてつくられたものと思われる。しかし、「諺」は「古くから人々に教訓として言い伝えられたことば」の意味であることを考えれば、「事柄」や「事件」よりも、むしろ「昔」「古い」の方に重要な意味があるといえる。したがって、「諺」は「昔」＋「言う」とでも表現した方が適切ではなかろうか。

　次に、「入門」⑱は両手で「家」の手話を作り、それを前方に倒すしぐさをして表わす（p.246のイラスト参照）。この手の動きは「入る」という手話の動きを取ったものであり、「師匠の家に入る」という意味を表わしている。ところが、従来の日本手話の中に「設立」を表わす語がある。これは手の形が「入門」と同じであるが、手の動きを逆に身体の方へ起こすようにして表わす。そこで、「入門」は一見すると、「家が倒れる」や「設置を取りやめる」などの意味に誤解される可能性が出てくる。

　さらに、「方言」⑲という手話については、反復動作の重要性が指摘される。「方言」は右手で「言う」をおこない、左手が「場所」を表わしている。しかし、左手の「場所」は身体の前で固定せずに、位置を変えながら２、３回繰り返して行なう方が適切であると思われる。このときの反復動作のもつ役割は重要であり、「方言」はさまざまな場所で話されることばであることを伝える有力な手段である。

　つづいて、「真心」と「誠心」については、少々まぎらわしさが感じられる。前に述べたように、「真心」は「本当」の手の形を腹の前に置いてから「心」を示すが、「誠心」⑳は同じように腹の前に置いた手に少し上に上げる動きを加えている。単語の単位では両

者の区別が可能であっても，文章という語の流れの中に表わされた場合には，少々の動きの違いでは区別が困難となろう。

また，「資源」⑦は左手で指文字「シ」を表わし，その下で右手を水平に回すしぐさをする。しかし，「財源」を造語した際に，「基本」の手話の手の形を「金」に変化させた事実があることから，「資源」に関しても「基本」の手話を利用して手の形のみを「シ」に変えればよいのではないか。こうすることによって「源」という文字に「基本」の手話を固定させるルールが定着することになろう。

このように，現在の造語法にはまだ未熟な点が多い。しかし，次の点に注意をすれば手話にとって自然な語彙拡大パターンをつくることができると思われる。

(i) 日本語の音声を利用する際には，単に語呂合わせにならないよう，ことばの「意味」に注目する必要がある。また，指文字を使用する場合には特に注意が必要である。指文字は元来，日本語の音を表記するためのものであるので，あくまでも補助的に使用されなければならない。

(ii) どのような場合でも，手話言語の特徴を生かすことを念頭に置かなければならない。例えば，反復動作はものの多様性を表わしたり，対象物が複数であることを伝える重要な要素である。

(iii) 手話の構成要素（手の形・位置・動き）の一部を組み合わせる際には，その要素がもつ概念を考慮することが大切である。例えば，手を腹の位置に置くことの意味や，前方向や上方向へ動かすことの意味などをとらえることが大切である。

(iv) まぎらわしい語句の作成は避け，できるだけ明確に区別できるような造語をめざすべきである。

(v) 有効な造語法はできるだけシステマティックに利用する。

たとえば、表現と意味が融合している限り、ひとつの文字に同一の手話を固定させる方法を規則化する。

6. おわりに

　音声言語との接触がますますひんぱんになってきた時代に、最後に述べたような手話の語彙拡大の問題は世界的にも非常に重要な課題となっている。この問題に関しては、手話の言語体系をじっくり研究し、手話言語の特性を充分にいかした造語法を見極めることが重要である。同時に、ろう者の日常生活から多くの新しい手話が生まれていることも忘れてはならない。これらの語句はテキストには紹介されないものの、ろう者の日常生活で非常に効果的に使用されている。これらが広く普及するよう適切な方法を考える必要がある。

　各地で手話サークルの活動が活発に行なわれている一方で、1990年からはNHKの教育テレビで手話講座「みんなの手話」の放送も開始された。まだ多くの課題をかかえてはいるが、手話は着実に育ちつつある言語といえる。

（本名信行・加藤三保子）

注

(1) 本稿では手話の構造に焦点をあてて、いくつかのテーマを概観する。手話の社会言語学的側面については、本名・加藤 (1992 a, 1994 b) を参照。
(2) Klima/Bellugi, 1979, p.183 にこの考え方が出ている。なお、本稿で採用した資料はBellugi(1971)の未公刊版にある。
(3) Bellugi (1971) p.7.
(4) Bellugi (1971) p.8. なお、o-n, g-a-s は指文字で、look-in, have-toは1サイン。

(5) 本名・神田・小田・加藤(1984)より。
(6) 加藤・本名(1989)より。
(7) 本名・加藤(1994 a)より。この項のもっと詳しい記述については本名・加藤(1992 b)を参照。

参考文献

Ursula Bellugi. *Studies in Sign Language*. 1971, unpublished

Edward Klima/Ursula Bellugi. *The Signs of Language*. Harvard University Press, 1979.

本名信行・神田和幸・小田侯朗・加藤三保子,「手話の表記について」『日本手話学術研究会論文集第7号』日本手話学術研究会, 1984.

加藤三保子・本名信行「手話の文字化の研究：サットン手話文字の日本手話への応用」『白馬夏季言語学会論文集 第3号』白馬夏季言語学会, 1989.

本名信行・加藤三保子「手話と現代社会生活：手話語彙の拡大をめぐって」『日本語学』. 2月号 明治書院, 1994 a.

本名信行, 加藤三保子「日本の手話事情：問題と解決」ジョン・マーハ／本名信行編『新しい日本観・世界観に向かって：日本における言語と文化の多様性』国際書院, 1994 b.

Nobuyuki Honna/Mihoko Kato. *The Sign Language Situation In Japan: Problems and Solutions*. in Proceedings of the XI World Congress of the World Federation of the Deaf. Japanese Federation of the Deaf, 1992 a.

Mihoko Kato/Nobuyuki Honna. *On the Formation Patterns of Japanese New Signs*. A paper presented at The Fifth International Symposium on Sign Language Research, Salamanca, Spain, 1992 b.

12 ノンバーバル・コミュニケーション
——外国人のための日本語教育のなかで

1. 日本語と日本文化の接点にある非言語伝達

　従来，外国人に対する日本語教育では，ことばによるコミュニケーションの側面に重点がおかれ，ことばによらないコミュニケーションの諸相にはあまり注意がはらわれなかった。これは他の外国語教育についてもいえる。しかし，この状況は是正されなければならない。外国語を異文化コミュニケーションの道具として学ぶならば，バーバル（言語）の面とノンバーバル（非言語）の面をともに学習する必要がある。

　非言語伝達は，「言語」と「文化」の両方が作用する行動である。たとえば，日本語の「あいづち」ということばを正しく理解するためには，それが指示する身体の動きを理解しなければならない。また，その身体の動きが，会話のなかで，「いつ，どのように」生じるかも理解しなければならない。そして，あいづちが，いつ，どのように生じるかは文化の規制を受けるのである。だから，日本語教育のなかで日本人の非言語伝達の様式を教えることは，日本語と日本文化の接点を教えることになるといえる。

　同様に，日本人が「てれる」ということばを使うときには，必ずといってよいくらい，「頭をかく」という動作や，「赤くなる」「てれ笑い」という顔の表情を想起する。つまり，このようなことばは一定の身体表現と密接な関係にあり，言語伝達と非言語伝達を有機

的に把握することの重要性を示すのである。しかも,「てれる」「はにかむ」「きまりわるがる」「間のわるい思いをする」という心情は,対人関係のなかでのみ生じる。すなわち,このような心情とそれを引き起こす社会的状況との関係は,文化的現象とみることができるのである。

　非言語伝達（ノンバーバル・コミュニケーション）を構成するメディアには,1) しぐさ（ジェスチャー,顔の表情,まなざし,姿勢),2) 対人関係における距離,3) 接触,4) におい,5) 身装品,6) 環境,7) 音調がある。日本人がこれらのメディアをどのように操作し,どのようなメッセージを伝達するかは,実に興味深いテーマである。日本語教育のなかにこのような側面を導入すれば,日本人のコミュニケーションの方法について,より有意義な授業となるであろう。本稿では,「ジェスチャー」「顔の表情」「まなざし」「姿勢」に焦点を合わせ,いくつかの現象を考察したい。

2. ジェスチャー

　日本人は日常行動のなかで,かなり多くのジェスチャーを使っている。日本人はアメリカ人などとくらべるとジェスチャーが少ないと感じられるかもしれないが,そんなことはない。新幹線などでよくみられる光景であるが,窓側にすわっている人が降りようとするときに,通路側の人にほとんど声をかけない。黙って立ちあがっただけで,隣の人はその意図を察し,身体を少し動かし,相手が通れるだけの空間を提供する。この状況をよく観察すると,ただ黙って立ちあがっただけではないことがわかる。

　立ちあがる前に足を相手に触れるか触れないかのところまで伸ばしたり,相手かたで貧乏ゆすりなどをして,なんらかの予備信号を発している。立ちあがってからも,いきなり相手の前を通るのではなく,網棚から荷物を降ろしたりして,受信のぐあいを観察する。

そして，相手の前を通るときには，軽くおじぎをしたり，うなずいたり，手のひらを前方に伸ばしたり，手刀をつくり顔面から下に軽く打ちおろしたりする。このような謝辞に相当する動作をしない人でも，身体を少しすぼめていることが感じられる。これはジェスチャーによるコミュニケーションの一例である。

このように，ジェスチャーはことばに代わる記号として，人々の伝達活動に広がりを与えている。また，人々は身振り手振りを交えて話をする場合が多いことからもわかるように，ジェスチャーはことばに付随して，ことばそのものの働きを補足し，強化している。

ジェスチャーは専門的にはいろいろなタイプに分けられるが，日本語学習者はまず語彙的性格をもつものを学ぶべきであろう。これらはエンブレム（表象的動作 emblem）と呼ばれるもので，「形式」と「意味」がはっきりしている。だから，ことばにおきかえることができる。これらは個人的なしぐさではなく，一定の集団の共通語彙となっている。

日本人のエンブレムでよくみるものには，たとえば次のものがある。「私」，「怒る」（額に両方の人さし指をあてる」，「肘鉄」，「ダメ」（手を顔面で振る），「ヤクザ」（ほほに人さし指で想像上の傷をなぞる），「スリ」（人さし指を曲げる），「ごますり」（左手のひらで右手のこぶしをこする），「お願い」（両手を合わせる），「気合を入れる」（両手に唾），「くび」（手刀を首にあてる），「約束」（自分の小指と相手の小指をからませる），「降参」（両手を上にあげる），「左うちわ」，「まゆつば」，「けんか」（両方の人さし指のチャンバラ），などなどである。

これらはことばと同時に使われることもあるが，ことばをともなわずに単独で用いられる場合もある。後者の場合には，ことばではいいにくい状況のなかでよく生じる。たとえば，騒音が大きく，ことばが通りにくいときなどである。また，ことばでいうにはおそれおおかったり，てれくさいときにも，これらのジェスチャーが使わ

れる。そして，ことばを使うよりもジェスチャーを使うほうが，連帯感，共謀感を強化することになる。

エンブレムは形式と意味のあいだに明瞭な関係があるので，外国に類似した形式があると，自国で了承されている意味に解釈しがちである。欧米人が日本人の「おいでおいで」や「お金」を，「Go away」「OK」ととるのはその例である。しかし，よく観察してみると，これらの形式はかなり違うことがわかる。「おいでおいで」は手のひらを内側（自分側）に向かうように手首を上下させるが，「Go away」は手の甲が外側（相手側）に向かうように手首を上下させる。「お金」は親指と人さし指で丸をつくり，他の三指を第二関節のところで曲げ，丸を相手に向ける。「OK」は親指と人さし指で丸をつくり，他の三指を軽く伸ばし，手のひらを相手に向ける。形式が違っているにもかかわらず，誤解を引き起こす理由は，エンブレムがもつ形式と意味の関係が強力な知覚の枠を指定するからであろう。

また，エンブレムは語彙的性格を有しているので，はっきりとした外延的，内包的意味をもっている。しかも，それらはあることがらに言及するだけではない。それを使う人についても，一定の社会的情報を伝達するのである。たとえば，ある人が「おたく，ギャンブルがだめなら，こっちのほうでしょう」といって小指を立てたとすると，この伝達行動で発信される情報は，この動作の「女」（外延）と「情婦」（内包）といった言及的な意味だけではなく，このようなしぐさをする人の社会的位置や文化的枠組みをも含む。

このように，ジェスチャーを学ぶときには，単純に「形式」と「意味」を知るだけでは不十分な場合がある。親指を立てると男，小指を立てると女の意味となるという記述は不完全で，外国人にこのように教えることは賢明ではない。このジェスチャーにはアンダーグラウンドの要素があり，多くの日本人はこれをひわい，あるいは下品と感じることも付け加える必要がある。事実，このしぐさ

には隠微な謎がある。

　ところで，日本のジェスチャーには外国産のものも数多くある。これは語彙のレベルでいえば，借用語に相当する。借用語に原語の意味のまま使われるものと，意味変化をきたすものがあるように，外国のジェスチャーが日本に入ると，本来の形式や意味を維持するものと，そうでないものとに分かれる。前者の例は「グー」(Thumbs up)や「ピースサイン」である。後者の例は握手が典型的である。ともに英語国からの借用である。

　日本人にも握手をする人が増えているが，握りが弱い。手を差し出すだけで，握りを相手にまかせる人がいる。握手と同時にお辞儀をする人もいる。握手とお辞儀に加えて，片方の手刀を顔面に寄せて敬礼する人もいるくらいである。つまり，日本人の握手は，控え目と慎み深さをよしとする日本人の対人関係のルールによって修正されたものとなっている。あるいは，日本人の握手は，挨拶と表敬の補助記号の役割しかはたしていないのかもしれない。

　西洋人の握手には，「堅実型」(firm handshake)，「強烈型」(bone crusher)，「指触型」(finger shake)，「無力型」(dead fish)，「過剰型」(politician's handshake)の5種類がある。日本人の握手は握りが弱いので，無力型にあたる。これはいちばんよくない握手とされ，相手はなにかを盗まれて損をした気持ちになるそうである。このように，借用ジェスチャーは本国のものとは変化することがあるので，注意を要する。

　ところで，外国人が日本人のしぐさを理解する必要があるとしても，それを完全に模倣するように求めることは適切ではない。別の文化の身振り体系を完全に習得することは，口でいうほど簡単ではない。伝達行動の観点からみると，身体の操作や，物や環境の操作は母文化の影響によるところが強く，体系的なコード交換はきわめて困難である。特に，類似した形式で，使い方が違う場合は，順応しにくい。身体的反応は習慣化しており，矯正がむずかしいのであ

る。私たちはこのことを経験を通してよく知っている。

　日本人は英語が流暢になっても、うなずき方となるとなかなか英米人のようにはならない。日本人はうなずくことによって、英米人と同様に、「賛成」「同感」の意味を表わす。しかし、日本人はそればかりではなく、「あなたのいっていることはよくわかります」とか「あなたの話を聞いています」ということも示す。英語を聞きながら一語一句理解できると、ついうなずいてしまい、しきりに頭の上下運動を繰り返すことになる。英米人はこれを「同意」ととったり、話の順番の交替をせまっているようにとる。

　日本人のうなずきは共感的融合行動とでもいうべきもので、日本文化に深く根ざしたしぐさである。だから、これを矯正することはきわめて困難であるし、その必要もない。むしろ、日本人のしぐさの意味が誤解されないように、正しく説明する方法を考えるべきであろう。同じく、英米人が日本人式にうなずくようになるのは困難であろう。お辞儀も容易でない。日本語教育のなかで行なう非言語伝達の訓練は、読解能力の育成に主眼をおき、同時に日本文化に対する関心を高める一方法と位置づけるべきであろう。

3　顔の表情

　人々は会話のなかで相手の顔の表情に注目し、ことばでははっきりとつかみとれない微妙なニュアンスをさぐろうとする。ことばが中断しているときでも、顔の表情が重要なメッセージを伝達していることを知っている。また、ことばと顔の表情のあいだに意味の不一致がみられるならば、たいがいの場合、顔の表情が伝達するほうを真意ととりがちである。このことは特に感情を解釈する行為のなかにみられる。感情は一般に次の10の基本的なカテゴリーに識別される。①喜び、②悲しみ、③怒り、④恐怖、⑤嫌悪、⑥侮辱、⑦驚き、⑧当惑、⑨興味、そして⑩決意である。

人々は気持ちの向くままに，自由に感情を表わすことができる。しかし，対人関係のなかで，表情をコントロールすることもある。これは，本当の感情をおさえ，そうでない感情を表出する行為である。すなわち，メッセージ・コントロールである。これは人間の特徴的な発信行動なので，受信する側もその複雑な意味を適切に解釈しようと常につとめるものである。

　たとえば，悲しみを表わす理由のある人が，微笑をうかべたとしよう。微笑を信じ，この人はもう気がおさまっているとはだれもとらない。微笑のなかに悲しみの度合いをさぐろうとする。同時に，微笑を無視することもない。それは悲しみを克服しようとする努力とか，他人にめいわくをかけまいとする配慮などと解釈できるのである。

　人々が表情を抑制する理由はいろいろ考えられるが，なかでも文化に関係した側面は重要である。文化は感情の表示ルールを規定する。たとえば，多くの国々で，それは職業に適用される。対人関係を重要な部分とする職業では，表情のコントロールはたいせつな「仕事」となる。医師や看護婦は死期の間近い患者に，悲痛な表情をみせない。むしろ，激励の思いをこめて，笑みをうかべるはずである。

　感情の表示ルールは，また，一定の場面における一定の役割に対して，一定の行動を条件づける。日本の美人コンテストなどでは，優勝者はあまり歓喜の表情を示してはならないとされている。ただし，泣くのは許される。逆に，2位以下になったものは，失望，不満，嫉妬などを隠し，にこやかに笑みをうかべることが期待されている。

　このルールは，さらに，感情表出の度合いを求めることにもなる。葬式などで，弔問客は各自の哀悼の表情を，さまざまな対人関係のなかで加減する。男性の葬儀において，女性の同僚はいくら故人と親しかったとしても，妻よりは控え目な表情をつくらなければ

ならないであろう。

　表情コントロールの方法もいろいろあるが，ここでは3つをあげておこう。

(修正法)

　これはなまの感情を修正するために，もうひとつ別の表情を付け加える方法である。笑いがこの操作に最もよく利用される。怒り，困惑，悲しみ，恐れといった，いわばネガティブな感情に笑いを付け加えると，これらの感情を抑制し，緩和することになる。駅の階段を大急ぎでかけのぼり，電車に乗ろうとしたが，寸前のところでドアがしまったとき，日本人は一瞬困惑の表情をする。しかし，すぐ笑いに変わる。これは「残念」という気持ちを，「まあいいや」という気持ちに修正して示しているといえる。もちろん，その背景には，日本人の世間体の概念が働いている。

(加減法)

　これは感情の表示を強くしたり，弱くしたりして度合いを加減する方法である。喜びを最大限に表わすためには，「破顔」という言い方があるように，顔面を全面的にそして全力的に使い，しかもその状態を比較的長時間にわたって保持する。この喜びを状況に応じておさえるためには，顔面のある部分（たとえば片ほほ）しか使わなかったり，筋肉を充分に動かさなかったり，時間をほんの少ししかかけなかったりする。日本人はなにごとも控え目をよしとするため，この方法をいつも使っている。また，たいした喜びでもないのに大喜びにみせるためには，この逆をすることになる。

(偽造法)

　これはある感情を感じないのに，そう感じたかのようにして，その表情をつくる方法である。たとえば，同僚が死亡したとき，なん

らかの理由で本当は悲しくなくても，悲しみの表情をよそおうであろう。また，ある感情をもつにもかかわらず，なにも感じないかのような表情をすることもある。日本人は錯綜した人間関係に巻き込まれると，自分の気持ちを他人にさとられまいとして，このような操作による無表情を武器とするのである。

　ところで，文化が違うと，顔の表情を適切に読みとることが困難になるといわれる。これはどういうことなのであろうか。感情の表情そのものが違うということであろうか。それとも感情の表示のしかたが違うということであろうか。このことについて，アメリカの心理学者P・エックマンの研究は興味深い。

　彼はアメリカ人と日本人の行動を比較した。カリフォルニア大学と早稲田大学の実験室で被験者に映画をみせ，その反応をビデオテープに記録した。映画はいろいろな情動を誘発しうる内容のものであった。実験は2回に分けて行われた。まず，被験者はひとりで映画をみた。この時のビデオを分析すると，アメリカ人も日本人もすじの流れの同じ時点で同じような反応，すなわち同じような顔の表情を示すことがわかった。

　次に，白衣を着た実験助手を被験者の隣に座らせて，映画をみせた。そうすると，アメリカ人と日本人は同じ反応をしないことがわかった。衝激的なシーンでも，日本人はアメリカ人よりも平静を保った。そして，薄笑いをさえうかべることもあった。そこのところをスローモーションで分析すると，笑みは緊張した表情に付加されていることが多くあった。

　この実験から，次のことが推論されよう。すなわち，人間が本当にうれしいときの表情は文化を越えて共通であるが，文化的表示ルールの操作過程を経ると変形するということである。文化が違うと顔の表情の理解が難しくなるのは，文化によって感情表示のルールが違うからである。

　特に，笑い顔の解釈は，やっかいである。いつ，どこで笑ってよ

いかについてのルールが，文化によって異なるのである。デンマークの社会言語学者で，*International Journal of Pragmatics*の編集長をしているヤコブ・メイさんは，日本人がよく笑うのに驚いたそうである。たしかに，彼は日本に来たてのころ，あまり笑顔をみせなかった。欧米では，男性の笑みは弱さの現われとみなされることがあり，日本で初対面の人に笑顔をみせるのに抵抗があったそうである。そんな彼も何度か来日しているうちに，素直に笑みを表わすことができるようになったと語っていた。

ところが，日本人の笑いは，外国人にはなかなか理解されない。メイさんと一緒にいると，いつも質問ぜめにあう。一度どきっとしたのは，チェルノブイリ原発事故のときである。あるニュース・キャスターが来日中のソ連人ジャーナリストにインタビューして，「あの辺の空気は日本にも回ってくるので，日本人は危機感をもっている。事故の事情を知らせてほしい」と笑顔で聞いたのである。メイさんはどうしてこんな重要で深刻な内容を笑いながらいうのか理解できなかった。「きびしい質問をしても，悪意があるわけではないことを笑いで示している」と説明したことを覚えている。

「日本人はわけもなく笑う」などといわれるが，「わけ」はあるのである。しかし，日本文化における「笑い」の意味論は，まだ充分に分析されていない。それは日本人の感情表示ルールを記述する過程の一部となるはずである。そして，そのパラメータは「表情コントロールの機能と方法」であろう。笑い顔ほど複雑な機能をはたす表情はない。笑いの異文化比較は異文化コミュニケーションの重要なテーマである。

4. まなざし

まなざしは人と人との出会いのときに，重要な働きをする。人に話しかけるときには，まずその人の眼（あるいは顔のどこか）をみ

る。つまり，人の眼をみることは，関わりを求めていることを伝達する記号となる。また，関わりを求めている人の眼をみることは，相手に関わりの許可を与えることを伝達するサインとなる。

アメリカの社会学者E・ゴッフマンは，見知らぬものどうしの正常なまなざしの「作法」を「儀礼的無関心」(civil inattention)と呼んでいる。人々は同じ場所に居合わせると，相手をちらっとみるが，その時の顔の表情は相手を知覚したことを示すだけのものである。そして，次の瞬間，すぐに視線をそらす。これは相手に対して，この場所での共存を了承したことを示し，疑念や好奇心がないことなどを示す。

これが正常な視線の代表であるとすると，異常なものの代表は「凝視」である。日本にいる外国人は子供にみつめられて，いやな思いをするといわれる。外国人をみるのは，なにも日本の子供だけではない。アメリカの子供も，日本人を珍しいと思えば，じっとみることがある。ただし，彼らはこちらと眼が合うと，にっこり笑って，「ハーイ」という。このことにより，今までの凝視が悪意のあるものではないことが示される。うろたえてプイと横を向いたり，あわてて逃げ去るのでは，そういう解釈が困難になる。

私たちは日常生活のなかで，なにげなく人や物をみる。この行為になかには複雑で微妙な伝達機能がひそんでいる。日米会議の開会式の写真をみると，おもしろいことに気がつく。壇上に列席した役員のうち，アメリカ人はたいがい報告者のほうを向いているが，日本人は前か下を向いている。関わりをもつものどうしの交流には，明らかに文化の差異がみられる。

アメリカ人にとって，アイコンタクトはたいせつなコミュニケーションの手段である。重要な話題であれば，話し手は聞き手の眼をしっかりとみすえて話す。それは自分が真剣に，そして誠実にこの話題にとりくんでいることを伝達するからである。一方，聞き手も話し手から眼を離さない。話し手の意図を的確につかむためであ

り，この関わりをたいせつにしていることを伝達するためでもある。

アイコンタクトの濃淡は人と人との社会関係を反映する。テーブルの座席などが社会的記号となるのは，このためである。アメリカのカファテリアには正方形のテーブルがある。正面の席は最大限のアイコンタクトを必要とする人々の席である。議論や交渉をするときには，おたがいに対面的に座る。角の席はいつも眼を見合って話す必要のない人々の席である。友人どうしが世間話をするときには，この配列を好む。

日本人はどんな場合でもたいがい正面に座る。正方形のテーブルで，友人どうしがとりとめのない話をするときでも，角の席よりも正面の席に座る。なぜかというと，正面に座っても，相手の眼をみないからである。日本では対話中，相手の眼をみなくてもよいとされている。成田空港の食堂などでよくみかけるシーンであるが，アメリカ人の夫婦は長方形のテーブルを好み，隣合わせに座る。これはふたりが眼を見合せなければならない関係にないためである。日本人の夫婦は長方形のテーブルでも正面に座るが，相手をよくみているわけではない。

日本人は相手をみるときには，実は眼そのものをみているのではない。眼元から唇のあたりをみる。アメリカ人は日本人に口元をみつめられるという印象をよくもつ。口のまわりに，なにかついているのではないかと，心配する人もいるくらいである。ある日本の航空会社では，スチュワーデスにお客のネクタイの結び目あたりをみるように指導していると聞く。

また，日本人は相手を直視せず，やわらかく，あるいはぼんやりとみる。日本人はアメリカ人のアイコンタクトには耐えきれず，先に視線をそらしがちである。日本人はアメリカ人の視線から「押しつけがましさ」を感じ，アメリカ人は日本人の視線から「頼りなさ」を感じることもある。文化に基づく行動が誤解の原因となる一例であろう。

日本人が相手の目をよく見ないのは、だれもがみな同じ黒い瞳をしていて、差異がないと思うからではなかろうか。黒だと色の変化が観察しにくいということもある。また、黒い瞳はそれだけで相手に対する強い刺激になるので、相手を直視しないことが礼儀作法となったと考える人類学者もいる。

　アメリカ人の場合にはブルーやグリーンなどの濃淡が人によってずいぶん違う。心情による輝きの変化もよくみえる。アメリカ人は相手の眼の色を、握手の際の握力とともによく覚えている。黒い瞳もよくみていて（"eyes as dark and shiny as washed coal"）、相手の特徴記述に利用しようとする。アメリカ人の眼をよくみると、ネクタイやタイピンの色と同じであったりして、自己表示の手段としていることがわかる。

　アイコンタクトの方法と濃淡は民族の形質的、文化的背景から生まれる。そして、「眼のみかた」は「人のみかた」につながる。そこで、日本語教育が異文化間コミュニケーションのトレーニングを目標にするならば、このような伝達機能をもつ「まなざしの文化」についても考えていかなければならないであろう。

5. 姿勢

　姿勢とは、各人が立っているとき、座っているとき、腰かけているときの身体の維持のしかたのことである。人間の姿勢、身構え、ものごし、態度といった身体の形は、1,000種以上もあるといわれている。それらは、「卑屈なものごし」「尊大な態度」という言い方があるように、さまざまな意味あいを伝達する。

　姿勢は文化によってつくりあげられる部分が大きい。日本人は一般に心持ち肩を丸め、前屈みに構える。これは日本人がよしとする「謙虚な人がら」の身体的表現なのである。アメリカ人は胸をはり、背筋をのばす。「自信ある個人」を誇示するためである。この

ように，文化の価値観は身体の操作に反応するのである。

　だから，文化が違うと，姿勢の解釈に違いが生じる。私はかつて1年あまりのテキサス滞在で，無意識のうちにアメリカ式の姿勢を身につけたことがある。帰国後，年配の同僚に注意されて，はじめて気がついた。「君はアメリカから帰ってから，なんとなく威張っているようにみえるゾ」

　これらふたつの姿勢を以上のように別種に解釈すると，これらの姿勢を状況により使い分け，違った自己を演出することも可能になる。まさに，姿勢がメッセージを伝達することを心得た行動である。戸川猪佐武『小説　吉田学校』(第2部，32－33頁，角川文庫) は，重光葵外相のことを次のように描写している。

　「…重光は隻脚のまま，松葉杖をついて歩くか，あるいは義足をつけ，ステッキをついて歩くかしなければならなかった。そのいずれをとるかについて，重光はいつも工夫を凝らしていた。隻脚のまま松葉杖をついて歩けば，その姿勢はどうしても，前のめりになった。それは彼を萎させ，挫かれた形に見せた。そうすることが必要な場合には，彼は松葉杖で臨むことにしていた。 … 逆に，義足をつけて，ステッキをたよりに歩く時は，彼の上半身は後に反りかえった。それは昂然とした姿勢だった。不屈，不撓を，みる人びとに感じさせた。高姿勢を保つ必要がある場合には，重光は義肢とステッキとを用いて臨むのだった」

　以上，ジェスチャー，顔の表情，まなざし，姿勢などの身体操作がはたす伝達機能について概観した。現在，外国人は日本人との対面的コミュニケーションを求めて日本語を学習している。だから，このような身体記号の理解は重要である。しかも，非言語伝達は「言語」と「文化」の両方に関係した現象であり，外国人のための日本語教育のなかで，しかるべき役割をはたすべきなのである。

（本名信行）

参考文献

ゴッフマン,E（丸木恵祐・本名信行訳）『集まりの構造』誠信書房,1980年.

ブロズナハン,L（岡田妙・斉藤紀代子訳）『しぐさの比較文化』大修館書店,1988年.

ラフラー＝エンゲル,W（本名信行・井出祥子・谷林真理子訳）『ノンバーバル・コミュニケーション』大修館書店,1981年.

Ekman, P. "Biological and Cultural Contributions to Body and Facial Movement." In Blacking, J.,ed. *Anthropology of the Body*. London：Academic Press, 1977.

Ekman, P. and Friesen, W. *Unmasking the Face*. Englewood Cliff, N. J.：Prentice-Hall, 1975.

編著者紹介

本名信行（ほんな・のぶゆき）
　　所属：青山学院大学　国際政治経済学部　教授
　　専門：社会言語学・国際コミュニケーション・手話言語学

Bates Hoffer（ベイツ・ホッファ）
　　所属：トリニティ大学　教授
　　専門：社会言語学・異文化コミュニケーション

秋山高二（あきやま・こうじ）
　　所属：山梨大学　教育人間科学部　准教授
　　専門：社会言語学・英語学・異文化コミュニケーション

竹下裕子（たけした・ゆうこ）
　　所属：東洋英和女学院大学　社会科学部社会科学科　教授
　　専門：異文化コミュニケーション・社会言語学・時事英語教育

執筆者紹介

平井一弘（ひらい・かずひろ）
　　所属：大妻女子大学　比較文化学部　教授
　　専門：インターパーソナル コミュニケーション・異文化コミュニケーション・英語コミュニケーション

小田三千子（おだ・みちこ）
　　所属：東北学院大学　教養学部言語科学専攻　教授
　　専門：社会言語学・日本語と英語の談話の語用論的研究・国際コミュニケーション

津田早苗（つだ・さなえ）
　　所属：東海学園女子短期大学　英文学科　教授
　　専門：英語学・社会言語学・異文化コミュニケーション

高橋みな子（たかはし・みなこ）
　　所属：名古屋短期大学　英語科　教授
　　専門：社会言語学

吉川　寛（よしかわ・ひろし）
　　所属：中京大学　国際英語学部　教授
　　専門：社会言語学・統語論・日英対照比較研究

山田伸明（やまだ・のぶあき）
　　所属：中部大学　国際関係学部　教授
　　専門：認知言語学・メタファー論・日英対照言語学

鳥飼玖美子（とりかい・くみこ）
　　所属：立教大学　観光学部　教授
　　専門：英語教授法・会議通訳法・時事英語

中山行弘（なかやま・ゆきひろ）
　　所属：摂南大学　国際言語文化学部　准教授
　　専門：社会言語学・国際語としての英語・異文化コミュニケーション

加藤三保子（かとう・みほこ）
　　所属：豊橋技術科学大学　工学部　准教授
　　専門：社会言語学・手話言語学

訳者紹介

橋本弘子（はしもと・ひろこ）
　　所属：中部大学・日本福祉大学　非常勤講師
　　専門：社会言語学

＊所属はすべて 2008 年現在

異文化理解とコミュニケーション 1 [第2版]
——— ことばと文化

発　　行	2005年9月20日　第1刷発行
	2024年7月20日　第16刷発行

編著者	本名信行　ベイツ・ホッファ　秋山高二　竹下裕子
発行者	前田俊秀
発行所	株式会社 三修社
	〒150-0001　東京都渋谷区神宮前2-2-22
	TEL 03-3405-4511
	FAX 03-3405-4522
	https://www.sanshusha.co.jp
	振替　00190-9-72758
印刷所	壮光舎印刷株式会社
製本所	株式会社松岳社

©2005 Printed in Japan
ISBN978-4-384-04071-5 C0095

[JCOPY]〈出版者著作権管理機構 委託出版物〉

本書の無断複製は著作権法上での例外を除き禁じられています。複製される場合は、そのつど事前に、出版者著作権管理機構（電話 03-5244-5088 FAX 03-5244-5089 e-mail: info@jcopy.or.jp）の許諾を得てください。

装丁　　土橋公政

好評既刊

異文化トレーニング【改訂版】
ボーダレス社会を生きる

八代京子・町惠理子・小池浩子・吉田友子 著

生活習慣や価値観の違う人間同士がわかり合うのに必要な態度やスキルをやさしく解説。異文化と接触する際におきる様々なエピソードも随所に紹介され、真の国際感覚を身につけるために最適の一冊。多様な文化を受けとめるための柔軟な思考やセンスを養うトレーニング問題も多数収録。

・なぜ今、異文化コミュニケーションなのか
・コミュニケーションとは何か：コミュニケーションのメカニズム
・ことばによるコミュニケーション
・ことばのないメッセージ：非言語コミュニケーション
・見えない文化：価値観と文化的特徴
・異なる文化のとらえ方 / 接し方：異文化の理解
・異文化との出会い：カルチャーショックと異文化適応

■ 四六判上製 336 頁　本体 2,900 円+税
ISBN978-4-384-01243-9

三修社